启真馆 出品

三味
书屋

书 蠹 卅 载

顾 犇 著

ZHEJIANG UNIVERSITY PRESS
浙江大学出版社
·杭州·

图书在版编目（CIP）数据

书蠹卅载/顾犇著. -- 杭州：浙江大学出版社，
2023.12
（三昧书屋）
ISBN 978-7-308-24294-3

Ⅰ.①书… Ⅱ.①顾… Ⅲ.①书评—中国—现代—选
集 Ⅳ.① G236

中国国家版本馆 CIP 数据核字（2023）第 198493 号

书蠹卅载

顾犇　著

责任编辑	周红聪
文字编辑	程江红
责任校对	张培洁
出版发行	浙江大学出版社
	（杭州天目山路 148 号 邮政编码 310007）
	（网址：http://www.zjupress.com）
排　　版	北京楠竹文化发展有限公司
印　　刷	北京中科印刷有限公司
开　　本	880mm×1230mm　1/32
印　　张	10.25
字　　数	170 千
版 印 次	2023 年 12 月第 1 版　2023 年 12 月第 1 次印刷
书　　号	ISBN 978-7-308-24294-3
定　　价	79.00 元

版权所有　侵权必究　印装差错　负责调换

浙江大学出版社市场运营中心联系方式：（0571）88925591；http://zjdxcbs.tmall.com

我们要珍惜走过的路
遇到的人
才不枉费此生

颐华书赠龆州戴
壬寅麦铃

《老同事退休》

疫情对人际交注的影响也很大 其实也反过来让我们反思到底我们平时的人际交注有多少是必须的

顾森书斋卅载

壬寅麦铃

《2020 图书馆采访之变与应变——关于图书采访工作的几点思考》

总馆长说短暂的人生 就需要多读书 通过李白对精神 和肉体的追求解读了人生的意义 随菁书斋赣州载 壬寅冬铃

《诗歌与人生》

有学者说印本书犹如看得见的美女而电子书则毫无生气 顾轩书画州载壬寅冬节

《关于出版之未来的笔记》

数学和音乐正是世界性的语言

顾载书斋州载 壬寅多铃

《文理兼通的现代音乐怪才：读〈高为杰80寿辰庆贺纪念雅集〉》

自行车是个好东西

颐华书屋瓢饮载

壬寅冬铃

《我这 30 年——一个图书馆员的心路历程》

做菜的人
不在于享受结果
而是过程
颐寿书甌州载
壬寅青铃

《饕餮沈公》

我们很难想象
如果世人都没有理想
世界会是个什么样子

顾年华 书襄州载

《心中的理想之光长明——读简平〈唐吉诃德的战队〉》

读到意大利人的一篇文章 智能手机浪费时间和生命 颇有同感

壬寅麦铃

"读到意大利人的一篇文章，智能手机浪费时间和生命，颇有同感"

机会给有准备的人留着
顾莽书苏州载 壬寅谷钤

"机会给有准备的人留着"

一面镜子（序）

全 根 先

　　有唐一代英主李世民云："夫以铜为镜，可以正衣冠；以史为镜，可以知兴替；以人为镜，可以明得失。"诚哉斯言！镜者，鉴也，非镜无以为鉴，非鉴无以知己之真实面目。

　　盖以铜为镜，始于先秦，西汉末年方流行于民间。至明代，西方传教士携玻璃器皿入境，清初逐渐普及，而铜镜昔日之地位一落千丈，于今早已退出百姓生活舞台矣。正衣冠者，玻璃镜也，非铜镜也。以史为镜，源远流长，巍巍华夏，有典有册，虽平民百姓茶余饭后或津津乐道，或有高明者竟以此成事，然于芸芸众生，终究非日常生计所需，故多为帝王将相运筹帷幄、纵横捭阖所用矣。如此说来，倒是以人为镜，才是人人可用，可以明得失的。

　　余自幼喜读史书，长而研习历史，数十载乐此不疲，于以史为镜可谓稍有心得。著名历史学家刘家和先生告余以史为鉴何以可能。西哲黑格尔则曰：历史表明，人类从未从历史中吸取任何教训。故余亦有所惑也。然余于"人镜"，得闻而裨益者多矣，得见而仰慕者多矣，得如琢如磨而不变初心者则鲜。全国政协委员、国家图书馆同事兼老友顾犇先生，余之"人镜"也，得闻而裨益，得见而仰慕，得如琢如磨而不变初心者也。方其新著《书蠹卅载》将由浙江大学出版社付梓之际，命余作序，盛情难却，且诚惶诚恐。清人蒲松龄云："快意之事莫若友，快友之快莫若谈。"如此，则恭敬不如从命也。

入暑以来，余寓居秦皇岛海滨，每思及兄所嘱，忆及三十余年来与兄共事沉浮，深感其为人也，可鉴者实多，而其待友之真诚，工作之敬业，学术之勤勉，思虑之长远，恐非常人所及也。

余与兄相识于京华，岁在丁卯，丁未之月。其时场景，至今历历在目。是日至国图报到，被安顿于院中一处平房，唯兄在焉，穿一背心，伏案翻译也。片刻交流，知其乃复旦大学数学系高才生也，而为人之真诚、朴实、勤勉，则于举手投足中便可感知也。嗣后，余与兄等同室数月，朝夕相处。又数次搬迁，后五载毗邻而居，至癸酉年次第离开单宿。春去秋来，炎炎夏日，岁暮天寒，余与兄公事多所协助，学问相互切磋，至于高朋满座，高谈阔论，杯盘狼藉，妙趣横生，则一时风景也。尝忆余初分住房于北三环明光北里，家中电灯、自来水龙头等，端赖兄下班后至家中安装调试，几度往返。

时光荏苒，造化弄人。告别集体宿舍时，适逢邓公南方谈话不久，改革之风吹遍大江南北，一时俊彦各奔前程，劳燕分飞。余与兄则相守书城而命运稍异，彼踔厉奋发而一路前行、高歌猛进，余则独自徘徊而埋首苦耕、沉思苦吟。太史公《史记·汲郑列传》云："一死一生，乃知交情。一贫一富，乃知交态。一贵一贱，交情乃见。"鲁迅先生赠瞿秋白云："人生得一知己足矣。"其时，余与昔日交游多所星散零落，兄等一如既往之关心与帮助，实乃余心中之慰藉，其待友之真诚，不计利害，足可镜鉴矣。

兄于图书馆事业钻研既深，视野广阔，成绩斐然：在国际图联编目组常设委员会服务近八年，任国际图联《国际标准书目著录》（ISBD）修订组通讯成员，《意大利图书情报学刊》《国际图联杂志》编委，国际图联《书目记录的功能需求》（FRBR）修订组成员，UNIMARC 永久委员会委员等，参与诸多国际图联业务活动。而于国内学术，兄则翻译有《国际编目原则声明》（ICP）、《书目记录的功能需求》

（FRBR）、《规范数据的功能需求》（FRAD）、《国际标准书目著录》（ISBD）等，并发表论文百余篇。兄于图书采编业务，认为编目工作是有灵魂的，不是机械的，作为管理人员要经常关注各个环节，发现问题，解决问题，且不能太死板，不能唯规则论。诸如此类，足见其爱岗敬业精神，是亦余之镜鉴者也。

沉浸于图书馆界、学术文化界三十余载，余每闻人言图书馆人于学术，徒书皮之学耳，不胜愤慨！久居书城而不读书，读书而不求甚解者固不乏其人，然以偏概全不足取也，不唯零珠片玉可珍，书香社会营造蔚然成风。兄习多国语言，且触类旁通，用于编目，则常收意外之功，他人所不及也。尝于网上见到匈牙利语版《柳宗元诗选》（*Megszeretem a száműzetést* / Liu Cung-jüan），用翻译软件译书名，谷歌（Google）译成《我爱流放》，百度译成《我喜欢流放》。何则？欲知其书名由来，需从匈牙利文柳诗中探寻。兄几经阅读比对，方知其书名"Megszeretem a száműzetést"取自《溪居》一诗之第二句"幸此南夷谪"。余以为此番考证，类似清初考据家所为也。而能如此者，则阅读之广博使然也，用功之勤勉使然也。庚子岁末，兄尝统计其十余年来阅读最多之作者，竟为西哲黑格尔！如此广博之阅读量且跨界，非余所及也，足以为鉴也。

抚今追昔，自癸巳年《书山蠹语》、丙申年《书人乐缘》、戊戌年《书蠹精语》，此番已是余第四次为兄之大作写序矣。字里行间，逝去者乃青春，记录者乃历史，珍惜者乃友谊，坚守者乃初心。千秋青史难欺。忽念迩来余致力于口述史学、影像史学、公众史学，于梁任公所倡导之"民史"有所感悟，而兄随手记事之良好习惯，实乃公众史学所践行者也。于日常生活中，即便是吉光片羽，犹可珍惜，诸如中文如何成为国际图联之工作语言，胡沙、熊道光诸公提倡并践行图书馆员之"贵族精神"，图书馆老馆员对卡片目录之怀旧情结，兄所亲见钱伟长、沈昌文、王蒙诸公之率真言行。宋人孙因《越问·篇引》云："嗟彼皆已为陈迹兮，时亦随夫所遇。"又，王荆公云："丹青难写是精神。"书不尽言，谨赋小诗一首以为纪念。

七律·以人为镜

知来鉴往守书城，
三十光阴伴顾生。
万紫千红花郁盛，

钟灵毓秀业雄英。

风轻云淡随吾性，

夕惕朝乾独自耕。

似水流年成记忆，

青春无悔雁留声。

岁在壬寅，丁未丙寅，于秦皇岛

目　录

**第六部分
那些与书
有关的所
思所想**

后　记

第一部分

国图故事

我这 30 年——一个图书馆员的心路历程

一提起"30 年",就有人问:"什么事有 30 年?"从官方来说,是国家图书馆总馆南区(以下简称"国图一期")建成开馆 30 周年;而从个人来说,是我在国图从业 30 年。

宏伟建筑,历史意义

2017 年 10 月 12 日是国图一期建成开馆 30 周年,我参加了"册府千载 于兹为盛——国家图书馆总馆南区建成开馆 30 周年纪念展""国家图书馆总馆南区建成开馆 30 周年座谈会"等纪念活动,遇见了各路嘉宾。一期工程是国图走向现代化的重要标志,被誉为我国图书馆事业发展史上划时代的里程碑,曾入选新中国成立 60 周年"百项重大经典暨精品工程"。

在座谈会上,我感触较深的是当年(1987 年)青年突击队指导员马小林的发言，他说突击队精神永存。当时的共青团员都参加了突击队，负责处理搬迁中遇到的各种问题。我那时刚从复旦大学硕士研究生毕业到馆，老同志们认为我是高学历人才，不适合做体力工作，没有让我参加青年突击队，这成为我人生中的一个遗憾。突击队不分上下级，领导和员工亲如一家，由于加班没有吃饭，因此领导就把自己的面包分给大家吃，这事到现在还被大家传说。

那时候国图搬家，没有搬家公司，主要靠我们自己，当然还有作为主力的解放军战士鼎力相助，一卡车一卡车地搬运。记得当时负责搬家的解放军51120部队营长李连滨听说我会拉手风琴，到文津街分馆宿舍找我为联欢节目伴奏，我哭笑不得——我实际上不会拉手风琴，但他认为是我不愿意支持他的工作。他后来回到安徽老家，但对30年前的事情印象深刻，说所在部队因为国图搬迁而获得"集体三等功"，这是营级单位从来没有得到过的荣誉。

记得开馆仪式上有军乐团助兴。现在已是军职顶级教官的郭传钦先生曾经"指挥过千军万马"，他说当时演出结束以后，去阅览室看到俄语大词典，那么厚，吓晕了。音乐家能把30年前的事情记得如此清楚，也不容易。同事说仪式上有军乐团，我不太相信，还以为是随便哪里找来的乐团冒充军乐团呢。因为在我心中，军乐团代表最高的水平，哪是随便就能请来的呢。没想到，当时的乐手都是高人，现在都成为顶级专家了。

负责国图一期建筑的设计大师张锦秋院士的讲话引起了我的共鸣。她认为国图一期建设既是行业内部的事情，也是国家拨乱反正后公共文化发展的一个象征。

当初很多人并不喜欢一期建筑，20年后人们却越来越喜欢它了。二期建筑方案，同事们首选的是与一期最协调的四号方案（紫竹院元素＋青出于蓝），遗憾的是最后确定了五号方案（过去、现实、未来）。一期建筑维修改造时，有人提出在外墙外挂石材的方案，由于会略微影响建筑外形，因此不少人强烈反对。

30年，人一辈子也就两三个。国图一期建成开馆30周年纪念活动勾起了我的很多回忆，使我产生了种种情怀。也许只有缺少的东西，才觉得珍贵。

藏龙卧虎，脚踏实地

我第一次见到的馆领导是后来担任文化部副部长的艾青春先生。他说："你到国图一定有用武之地，邵文杰是你的榜样，他学理工科，却通晓多国语言，还写了不少社科类文章，他需要一个接班人。"我心里暗想，这正是自己的兴趣所在，也能发挥自己的外语特长。

到国图第一天，邵老师就给了我几本不同语言的书目。我大概看了两三天，不太摸门。我一面看目录，一面练习打字。当时没有电脑，打字是基本功，我也一直喜欢打字机，学起来特别带劲。我打字的声音，周围办公室的同事都听见了，他们有些好奇，于是我有点"出名"了。正式工作后，我每天用打字机记录选书内容，保存在案头六屉小目录柜里备查。之后我成为打字快手，一次部门举行打字比赛，我得了第一名。后来有了电脑，我轻车熟路，学习使用键盘一点不费劲。

现在部门库房里还有我收藏的邵老师使用过的长滚筒打字机。邵老师当副馆长后，我拿了他的长滚筒打字机来用。这个打字机由波兰语打字机改装而成，可以打 A3 纸，可以打英语和法语字母，可以通过键盘组合打法语和德语重音（或变音）字符，还可以打"@""#"等符号，有自定义表格键等功能，这在早期的打字机里是不多见的。

近期整理办公室时，我又发现了一些老式打字机，都是进口的名牌，如安德伍德（Underwood）、雷明顿

（Remington）、莱茵金属（Rheinmetall），我都用过。当时办公室的女生都挑新的国产飞鱼打字机，我当然要谦让，我也不喜欢飞鱼，打字感觉很涩，所以一直用这些老古董。有一台打字机比较老，连数字"1"都没有，打字时就用小写字母"l"代替。

博学多才，为人师表

前些年国图社会教育部与我商量馆史录像，谈到我刚到馆时的事情，勾起了我对往事的回忆。

到馆前我对图书馆工作没有任何概念，但很喜欢图书，喜欢图书馆，喜欢北京这个城市，于是我就从上海来了。到馆后，领导一直让我在宿舍等待，说最近国图正在搬迁，比较乱，安排不开。看着宿舍里其他人都去上班了，我有点不自在，于是就读书。过了大概两个星期，终于让我上班，书刊资料采访委员会（现今的采选委员会）主任邵文杰负责带我工作，算是我的师傅和上司。

10多年后，时任书刊资料采访委员会副主任金凤吉告诉我："当时部门领导以为你是找不到工作，通过走关系，领导硬塞进来的，不打算要你。"不过，其他部门争着要我，比如那时在人称"参考部"的部门做主任的曹鹤龙几次向馆领导提出要我过去，都没有得到批准。后来曹先生经常说我看不上"参考部"，我实在冤枉。当时参考部是国图层次最高的部门，员工中有"一参、二编、三阅览"的说法。

我工作效率高，新点子多，能够高标准完成日常事务，还补充了缺藏图书，得到领导认可，因此邵老师经常带我参加外事活动，金老师也跟我成为很好的朋友。1989年书刊资料采访委员会撤销，原班人马成立外文选书组，我当组长。工作不到两年就当组长，这在当年很少见，当然是破格。不料我在组长岗位上一干就差不多10个年头。

邵老师和我父亲同年，学过英语、俄语、波兰语等，喜欢音乐，热爱图书。他修养高，是很多人的偶像，我自然对他怀着敬仰之心。他喜欢音乐，每天晚上我很晚走，他也在办公室听音乐。

在那个年代，国图里的本科生也没有几个，来个硕士研究生令大家感到惊讶。有人责怪领导不会用人，耽误人才；有人说我学习成绩差，找不到工作才到图书馆。对当时还很年轻的我来说，在这样的环境下能挺过来是一件很不容易的事情。现在的年轻人大概难以想象当时的情况。

根据邵先生的口述回忆，20世纪80年代，胡耀邦同志对科技发展很敏锐，注意到科技进步对社会产生的影响。《第三次浪潮》《大趋势》等书的出版预示着信息时代即将来临。副馆长胡沙（曾担任中国驻联合国教科文组织大使、《光明日报》副总编辑）推荐外文采编部购买这几本书，邵先生阅读后写了书评，胡沙先生将其介绍给《光明日报》发表，引起轰动。这些事情改变了人们对图书馆员的看法：图书馆员不应只会采访和编目，图书馆是值得动脑筋的地方。随后国图风气逐渐改变。

我刚到馆时，国图科研风气不是很强。别说都要有学术成果，就算你在大家喝茶聊天的时候写点东西，别人都会说你利用工作时间干私事，对你有意见。邵老师一直是我的榜样，因为他，我养成了工作之余从事科研的习惯，受益匪浅。

言传身教，业务入门

到馆上班前，行政部门领导告诉我："你们部藏龙卧虎，有国际知名专家。"

谁？

到书刊资料采访委员会第一天，我看见一位老师穿着西服在过道里搬箱子，就上去帮忙，他也不让。回头一问，才知道是副主任、国际知名的日语专家金凤吉。那些年的早晨，我们都能听到他在图书馆院子里琅琅的读书声，他要把"文革"期间失去的补回来。金老师的日语比一些日本人还地道。

金老师的精神激励着我不断进取，爱岗敬业。1989年我担任外文选书组组长后，在工作上，努力使外文图书采访更上层楼；在业余时间，喜欢翻译和看人文学科图书，根本没有想到要做图书馆研究。一天金老师对我说："你在图书馆工作，得做一些图书馆研究。"在他的督促和指引下，我尝试着写了几篇文章，分析图书采访中存在的问题，逐渐走上了图书馆研究的道路。截至目前，我已经发表100多篇文章、几百万字译文，以及编、写、译著作20种，并在37岁晋升正高职称，43岁起享受国务院政府特殊津贴。

金老师为人处世有原则。他说，做翻译是为人服务，不能有自己的感情色彩，不管别人说什么，都要翻译出来，不能敷衍了事，不能"贪污"。在一次外宾接待上，一个翻译员听到日本客人说酒话，不太礼貌，不敢翻译，就在一旁微笑，我方领导丈二和尚摸不着头脑。金老师对这样的翻译很有看法。他还认为，在宴会上做翻译，不能考虑自己吃多少，而要随时关注主人和客人在说什么，及时翻译，所以每次宴会，他都吃不饱，回家后会吃点心。

我住双榆树青年公寓时，父母来京探亲，住了一阵。金老师知道后，去大钟寺买了一箱水果送到我家里，没有一点领导架子。我在这样的环境里工作，感觉很温暖。

文明礼貌，从我做起

参加新员工培训，胡沙副馆长介绍我时说我会很多门外语，是个人才。半年后他就离休了，走之前叫我到他办公室去，说有些事情需要我帮忙，其实是让我帮忙收集马克思主义文献资料。与胡馆长接触不多，但他有三件事情给我留下了深刻印象：抓文明礼貌；抓厕所卫生；抓宣传工作。

抓文明礼貌就是要求服务窗口文明用语，在馆内按规定接听电话："您好，我是外文采编部，请问您……"当时编制的《文明礼貌手册》影响很大，刚开始时大家不习惯，久而久之越来越体会到它的重要性。因为1987年国图一期开馆前后，员工数量急剧增加，人员构成复杂，所以统一进行文明礼貌教育很有必要。

胡馆长长期从事外事工作，在驻外事务上对礼仪很有讲究，西服如何穿，领带如何打，车如何坐，都有要求。比如，和领导一起坐车，人们习惯性客气地让领导先上，其实这不仅不礼貌，反而令领导尴尬——先上的人要从车门口爬到里面去！

他喜欢交际舞，图书馆时不时举行舞会，培养了一批舞蹈爱好者。

厕所是一期工程的一个亮点：多，干净，甚至有玻璃窗，这在当时其他地方很少见。那时有同事看不惯，批判其为"全盘西化"。

当时卫生检查非常严格。我曾担任爱卫会委员，和其他委员到各个部门检查卫生，一些人戴白手套到处摸，看是否有灰尘，甚至连柜子顶、书桌抽屉缝、墙角等地方都不放过。到现在我还坚持定期打扫办公室，甚至打扫库房。

据一位曾在行政部门工作的同事回忆，第一次做馆服时，胡馆长已离休，他在馆长办公室批评一位副馆长，大意是图书馆员是一个高贵的职业，怎么能穿制服，而且还那么难看！

他们那个时代已经过去，他们给我们留下的不仅是一栋新楼，还有一份精神遗产，我们应珍惜。

单身岁月，世外桃源

国图百年馆庆展览中有一个文津街分馆建筑模型，我收藏有国图各种模型的图片，但文津街分馆建筑模型我是第一次看到，勾起了我对有关居住之事的一些回忆。

1987年我毕业前到馆谈工作时，领导说有单身宿舍，硕士研究生一人住一间。但报到后，领导说单身宿舍仍在用作新馆建设总指挥部，要克服困难，过渡一段时间。我们当然支持，被安排到文津街分馆新腾空的平房仓库居住，这里从来没有住过人，没有卫生间和取暖设备，甚至是一个下雨漏水、刮大风要"乘凉"的地方，更没有想到一个房间住六人。

半年后我们几个硕士被安排到文津街馆区腾空的办公室居住，总算是楼房了，供暖条件好很多，两人一间。但是，每天需要骑自行车到白石桥新馆上班，冬天披着军大衣，到馆时脚都冻麻木了。我们经常穿胡同走小巷，对西四的交通十分熟悉。

又过了半年，我们搬到白石桥新馆招待所的平房（现在位于宾馆东侧二期车库入口处）。这是一个大杂院，"房客"们互相串门，甚为热闹。平房不隔音，隔壁拓先生经常高谈阔论，我们无法安静写作或休息。20多年后，拓先生成为古籍拍卖行业名人。一对青年夫妇时常打骂，其他人不敢管，我喜欢管闲事，就劝他们，劝架的人反而挨骂。

1989年我们终于住进了单身宿舍，但领导没有履行诺言——一人一间，硕士稍好一些，两人一间。从此以后，我有了比较安定的生活环境，译著《简明牛津音乐史》就是在这里翻译的。记得我当时经常工作到深夜两点，室友大概不能休息得很好，我十分歉疚。当时的邻居中，为百年馆庆设计展览的佟博先生住我隔壁，经常一起喝酒的老魏后来成了出版人，老董成了某机构的领导，老寇当了老板，南京图书馆的沈燮元先生人老心不老，关心各方面的新闻，不过读书几乎是他生活的全部。

住宿条件好了，但伙食跟不上，于是自己做饭。个别人条件好，拿煤气炉做饭；条件差些的，用电炉或煤油炉做饭。我开始用电炉，后来用打气式煤油炉。当时冰箱是奢侈品，常温下储存最多的东西是面条、西红柿、鸡蛋和香肠。

住单身宿舍印象最深的事情不少。一是经常聚会，周末一起吃饭喝酒。二是用水冲的方式制作冰镇西瓜——当时北京的自来水是地下水，很凉，足以制造出冰镇效果，但不知道浪费了多少水！三是油盐酱醋经常不翼而飞。刚开始时邻居偶尔没有油盐酱醋，于是借一下，后来"偶尔"变成"经常"，"借"变成"拿"——虽然不值钱，但要用的时候没有，难以容忍。四是大家直接把剩饭菜往水槽里倒，水槽经常堵塞，我经常充当义务清洁工。五是用电炉的人多，经常电路跳闸，这里的人大多数是文科出身，没人敢动总闸，我在紧急的时候充当电工。六是门锁质量不高，经常损坏，我用过各种方式开锁，最严重的是用脚踢直接破门。

1993年我分到一套一居室，告别了单身生活。单身生活很艰苦，但也磨炼人。

2005年国庆节我骑自行车去文津街分馆，拍摄了各个角落，觉得建筑很美，环境很幽雅，恍如世外桃源！住在那里时怎么没有好好欣赏呢？

目录卡片，百年见证

2011年至2013年国图一期改造，我们"居无定所""颠沛流离"，在临时办公室里周转。3年后搬进新办公室，整理部门的工作、文件、财产，颇有成就感。

整理工作中最重要的是整理卡片目录。馆舍改造期间，目录卡片暂时存放在仓库。馆舍改造即将完成时，目录卡片的回归问题提上日程，但3年后大家居然不记得过去目录的细节。

2002年国图启用集成系统后，不再使用卡片目录。这几年回溯基本完成，卡片更没有用处。

新办公室不够用，采编科组放不下卡片，我就找了一个部门内部库房存放部分珍贵的卡片：一是因为部分卡片还有用处；二是这些目录和装载它们的目录柜可谓文物，是宝贝。

在目录卡片时代，设有目录室，目录组负责维护。记得先后担任《国家图书馆学刊》《中国图书馆学报》常务副主编的蒋弘曾在目录室工作过，担任《新世纪图书馆》常务副主编的彭飞曾当过目录组组长。采编工作人员负责的公务目录有三套，包括采访目录、编目目录、书库目录，所有目录加起来至少有四套，里面还包括著者目录、书名目录（或者著者和书名混合的排架目录）、分类目录等，卡片有七八套，分别维护很有难度。个别读者想独占图书，竟然擅自抽走读者目录卡片。而不同拼写方法之间的参照、名称规范控制等，需要做参见卡片。

2002 年启用 Aleph500 集成系统时，不少馆员想不通，坚持要在系统中分别建立采访目录和编目目录，这个现在看来不成问题的事情，当时费了不少心思去解决。在自动化系统中，信息流的畅通和信息的共享具有革命性的意义。

现在很多馆员是近 10 年到馆的，不了解卡片，自然没有感情。一些用过卡片的老员工，因为 10 多年来一直用计算机，也生疏了。退休的老同事回到办公室，总感觉缺些什么——卡片目录！缺少的是历史，我们要把它们找回来！

卡片回来了！我们擦拭灰尘，逐个摆放，逐个检查穿条是否插到目录屉后的小孔中，用锤子敲平弯曲的穿条，让所有目录屉都能正常使用。擦拭浮土时，我不敢用湿布擦侧面有财产记号的地方，那里有各个时期的铁皮、铜片、纸张的标签，湿布擦拭后纸张标签会丢失，历史印记也就随之消失。整理完后，手上的角质层损伤，手背也划破，但心里踏实多了。

目录柜产于不同年代，有各种规格，如50屉、60屉、100屉，有174mm×143mm、106mm×160mm、85mm×151mm等尺寸。有的下面有支架，有的直接落地，有的中间还有可抽出来放目录屉的小桌板，体现了不同时代的工艺和要求，仿佛重现了馆员们的工作场景。我脑海里浮现出郝生源、王怀毅、马春梅等老同事在西编组库房的工作画面，熊道光、刘庆平、文国瑞、李德宁等前辈在西采组的工作画面。采访目录包括各种类型的卡片，主要是编目卡片、统订目录卡片、自选订单卡片和外国书商的新书报道卡片。我竟然还找到了自己做的自选订单，有以"Gu"为标记的代码。

卡片目录里不乏宝贝。记得一次查重时，在采访字顺目录里见到著名学者张申府的记到卡片，用工整的小楷书写，印象深刻。后来有同事想找，我也亲自去找，有如大海捞针，再也找不到了。如果有朝一日这些目录被处理掉，也就永远消失了。

老同事说，等你退休了，就没有人再喜欢它们了。这话貌似有道理，但不完全正确。一个称职的业务专家应该认识到历史的重要性，这大概是灵魂与躯壳之间的关系。希望下一代采编人员能了解历史，尊重历史。

国际舞台，兢兢业业

2005 年至 2013 年，我参与国际图联编目组常设委员会工作近 8 年，之后担任国际图联《国际标准书目著录》（ISBD）修订组通讯成员、《意大利图书情报学刊》编委、《国际图联杂志》编委、国际图联《书目记录的功能需求》（FRBR）修订组成员、国际图联 UNIMARC 永久委员会委员等职务，参与了很多国际专业活动。

国际图联的工作经常在深夜进行，熬夜是常有的事情。我在国际舞台 10 多年间的主要活动包括以下六点。

第一，负责组织翻译重要的业务文件。包括《国际编目原则声明》（ICP）、《书目记录的功能需求》（FRBR）、《规范数据的功能需求》（FRAD）、《数字时代的国家书目：指南和新方向》（*National Bibliographies in the Digital Age: Guidance and New Directions*）、《IFLA 编目原则：迈向国际编目规则，4——第四次国际图联国际编目规则专家会议报告书》（*IFLA Cataloguing Principles: Steps towards an International Cataloguing Code, 4: Report from the 4th IFLA Meeting of Experts on an International Cataloguing Code*）。自己翻译了 ISBD 统一版的两个版本——《国际标准书目著录（统一版）》（北京图书馆出版社，2008 年）和《国际标准书目著录（ISBD）（2011 年统一版）》（国家图书馆出版社，2012 年）；并提供中文样例，包括在各种语言的样例（Full ISBD Examples）之中。此外，完成了《无名氏经典著作：中文文献》的起草。

第二，参与图联大会编目组分会场论文评审工作。包括 2006 年（韩国首尔）、2007 年（南非德班）、2008 年（加拿大魁北克）、2009 年（意大利米兰）、2012 年（芬兰赫尔辛基）。每年组织志愿者翻译编目组、书目组、UNIMARC 核心活动等分会场的发言，特别是几乎翻译了所有编目组的大会发言。

第二，撰写《编目组通讯》（SCATNews）通讯稿（7 篇），介绍中国图书馆界工作进展。包括第 23 期（2005 年 6

月）、第 25 期（2006 年 7 月）、第 26 期（2007 年 1 月）、第 30 期（2008 年 12 月）、第 36 期（2011 年 12 月）、第 37 期（2012 年 6 月）、第 41 期（2014 年 6 月）。

第四，大会发言。包括 2006 年在韩国国家图书馆召开的国际编目专家大会（IME ICC4）上作题为《〈中国文献编目规则〉和〈国际编目原则〉之间的异同》的发言，担任筹备委员会委员，作为第一工作组（个人名称）组长主持第一分会场的讨论。2006 年在韩国首尔国际图联大会上，在书目组分会场作题为《中国国家书目的进展》（"National Bibliographies: the Chinese experience"）的发言。2011 年在波多黎各圣胡安国际图联大会的迎新会上介绍国际图联大会的参会经验。

第五，在国际图联工作，除编目专业工作外，最骄傲的是促成中文为工作语言的工作。早在 1997 年我参加哥本哈根国际图联大会，代表团就临时动议，希望中文成为工作语言。因为我打字快，大家让我临时找电脑输入后打印出来。遗憾的是这个提案没有通过。后来我国图书馆员经过多年努力，到 2006 年中文语言工作组成立，走过了艰难的道路。2006 年我在快报组帮助校对稿子，2007 年作为同声传译组的领队，首次出征获得圆满成功。

第六，在担任《国际图联杂志》编委 6 年间，每年审稿 5

篇左右，也参加编辑部会议，讨论杂志的发展方向。

特别值得一提的是，中国国家书目的工作曾一度暂停，我发现这个问题后，积极参与国际图联相关工作，并在大会上发言。然后把国际经验介绍到国内，及时翻译《数字时代的国家书目：指南和新方向》，此书对若干年后重新启动的国家书目项目有重要的推动作用。2017年11月颁布的《中华人民共和国公共图书馆法》明确规定国家图书馆负责国家书目的编制工作。

参与图联工作有两个特点：一是"义务"，没有任何报酬；二是"分享"，及时将相关信息分享给我国同行。

精神传承，面向未来

这30年是我人生中最好的时光，漫长且重要。这30年如果放在图书馆事业史上，只是一朵小小的浪花；如果放到人类乃至宇宙历史看，更是一瞬间！

回顾自己这30年，就是在前人铺设的道路上的传承和发展。前辈言传身教，使我们具有使命感、责任感和远见，带着感情和情怀做事，而不只是将工作作为谋生手段和晋升阶梯。如果后人能继续走下去，国图事业必将更兴盛，国家必将更繁荣。

我目前和今后要做的事情，不是自己继续取得更大的成绩，而是要培养更多的青年骨干。长江后浪推前浪，但愿我这一朵小浪花融入大浪，在历史长河中奔涌浩荡……

（原载:《图书馆论坛》2018 年第 5 期，有改动）

图书馆里的普通人

做了一辈子图书馆工作，除了图书馆员以外，还有一些同事，一直在我的记忆里。

门卫大哥和大姐

每天见面的，是行政楼的两个门卫大哥和两个门卫大姐。

两个大姐在这里的时间比较久，都是工厂里买断工龄的，有经验，特别负责。经常来的人，她们都知道名字和来历，这功夫不是一般人能掌握的。有时候我出入，她们特意给我开门，按电梯，弄得我很不好意思。

还有两个大哥，值夜班。因为我早来晚走，也经常能遇到。早晨见面会谈谈大气，有时候我略微晚到，还会受到"责备"——"今天怎么晚了啊？"我外出开会一周，回来都得问候："好久不见了啊！"

这四位，每人值班 12 小时，第二天休息。他们互相之间配合非常好，都是主动提前接班，让上一班早走，回家吃饭休息。特别是两个大姐，住附近，骑车 15 分钟就能到单位，经常提前半个小时到，差不多五点半就上岗了，冬天那时候天还没有亮。

作为对比，有时候临时替班的小姑娘，都不敢正眼看人，怎么能做好保卫工作呢？

维修工

有几个维修工，一听口音就是河北的，长得都差不多，我猜都是一个村子里出来的。从我住单身宿舍起，他们就在这里。虽然不认识，见了面也都会打招呼。前一阵，办公室同事的柜子锁坏了，修到最后，他们问我是否有 502 胶水，我马上找出一个，圆满完成任务。那小伙子说，早就见过我，很多年了。我想，他平时没有机会表达想法，这次终于说出来了。我的小同事听了也觉得惊讶。

过去，图书馆后勤机构比较庞大，还包括花房和木工房。图书馆内外摆放的花草，都由花房培育。图书馆各种家具的维修，甚至一些特殊家具或者工具的制作，都由木工房负责。

例如采编人员整理图书需要的小木凳，或者排卡片需要的特殊规格的格子，都是他们做的。我还保存过子母嵌套的木质自行车存车牌，没有人要，就送朋友了。现在，这种业务大量外包，留下的工人就只有很少几个。有时候我家里要做东西，也找不到人，甚至借木工工具都不方便。

夜班保安

因为差不多半个月要值一次夜班，所以我与夜班保卫干部和保安都熟悉，经常和他们聊天。夜班保安相对固定，但也有一定的变动。有些人老家孩子上学，就要回去照顾，过一阵再来上班。

前年闭馆好几个月，就有学生模样的年轻人值班一段时间，后来也看不到，估计上学去了。

一个保安调动到北门，上下班、取快递都能见到，我与他经常打招呼。因为之前认识，就不用出示证件，省去麻烦。

还有一个东北小哥，对工作充满敬畏，对图书馆业务有好奇心，有时候问我工作上的事情，最近也看不到了。

另一个保安大哥，胡子拉碴的，说话慢条斯理，也好久不见了。偶然再看到，说是已经受到提拔，当班长了，不固定值夜班，临时替班。我问："你们晚上值班，白天怎么睡觉啊？"他说："一个房间十多个人，不允许说话，还都能睡好。"

收发室老赵

收发室老赵，也算元老，前几年上台领了30周年馆龄的证书。退休有两年了，还一直回来工作。别人不知道的事情，他都知道。尤其是我们特殊邮件比较多，弄错了就会到处转很久才能收到。他遇到问题，总会打电话问一下，尽量避免错误。有些事情就需要认真，但这也很难得。前年闭馆半年，楼里只有很少几个人，我也总能见到老赵。

我小时候那个年代，银行和邮局等工作关系到公民的切身利益和信息安全，从业人员受人尊敬，而且待遇都高。而相关的收发工作也有严格的要求。经过那么多年的变化，信息传递被数字化取代，物流被快递取代，从而收发工作也越来越不受重视。能坚持下来，就更可贵。

保卫处老何

保卫处老何，当年我称他小何，负责设备维护。每次我需要什么工具，就找他帮忙借。各种工具，只要你能想到的，他都能找到。有一次家里卸门，我说需要一个有扳手且有棘轮的短改锥，方便插入狭小的门缝里，他果然有这样的工具。当然，电钻等工具就更不在话下。如果他自己没有，就帮我找其他人借。他看上去比我还年轻，却比我早退休了。

后勤老胡

后勤老胡，从小就在这片土地上生活。不仅他的维修技术好，超过外包的工人，而且他种的丝瓜也远近出名。一到春暖花开的时候，就能看到后院搭起了棚子，几个月后绿叶就遮蔽了整个建筑，秋季还有满满的收获。

前几天遇到他在指导工人修理墙根外挂的石材。我一看，都是钢钉固定的中空结构，实在经不起重力。我说应该往里面灌水泥啊，他说就是，不过现在施工都简化了，很无奈。

上个月，我办公室的吊顶扣板掉了，他带着梯子过来修理，跟我说他的年龄比我小一岁，也快退休了。

送水小哥

节日期间到办公室，发现没有饮用水，我马上给水站打电话。电话没有人接听，我反复打了多次也无果。于是，我找了办公室里剩余的小瓶水，先凑合一下。

没有想到，10 多分钟后，就有熟悉的声音回电话过来："您刚才是否给我电话了？我送水去了，没有听见。您是顾老师吗？您在 G308 房间吗？"又过 10 分钟，水就送到了。

过去，上班打开水，是一大景观。就是有一些勤快的人早到办公室打水，不勤快的人直接享用，久而久之办公室也有了不愉快的事情。有人习惯不好，怕水不开，用手指伸进暖瓶试探水温，其他人看了也很不舒服。直到现在，还有人不喜欢饮用水，觉得不干净，宁愿自己拿小不锈钢水壶，去开水房打水。打开水也是一种乐趣，一路可以遇到不少人，顺便聊天，获得最新消息。

20 世纪 90 年代，我在澳大利亚工作，看到别人使用饮水机，觉得很先进。有当地华人说，以后这也会成为中国的一个产业，会是一个商机。那个时候，我觉得中国不会发展那么快，不太相信。喝水那么平常的事情，自来水煮开了就喝，为什么还要花钱？

一转眼，我们办公室统一使用饮用水配饮水机，已经 10 多年。桶装水里到底是什么水——矿泉水、纯净水、过滤水，大家也讲不清。我不多考虑，自己拿来用。这些年，水站有一个小伙子，特别引人注目。他个子不高，走路飞快，效率极高。他工作很主动，车上多装一些桶装水，路过的时候会主动进我的办公室，看水是不是已经快用完了。如果水用得差不多了，就先续上，省得我们打电话。一开始，我发现办公室门无缘无故被打开，又突然被关上。出于警惕性，我马上出去看是什么人，发现是他。久而久之，我们都互相认识，在路上遇到都会打招呼。

疫情防控期间，大半年基本上没有人上班，他们也是隔天上班。后来我找到规律，就在合适的时间给他们电话。半年下来，另外几个送水的师傅都认识我了，知道我的名字，也知道我的办公室房间号。路上见面就打招呼，有时候我走神没有看到他们，听到他们招呼觉得很不好意思。那时候一个人在办公室，一桶水可以用一两个星期。按送水师傅所说，理论上可以用 20 天。不过，有些同事讲究，水超过一个星期就觉得不干净。

水站这样的服务，非常舒心，我觉得他们应该被评为先进工作者。好像他们不在体制内，没有被纳入评选先进的范围。我觉得，如果各个岗位都如此，事业就会进步。

（2022 年 4 月 11 日）

20 多年前的职称评审

碰巧和老同事聊天，谈起 20 年前职称评审的事情。本来淡忘了的事情，一聊又回忆了起来。

不是我卖老，我是最老的职称评审专家，记得从 1998 年就开始评审了。

当年评职称，是在郊区找一个会议室，省得中途因为公务打扰，也省得有人找关系说情。在通信不发达的年代，手机是奢侈品，不可能随时联系的。放下手中所有事情，断绝一切联系，专心开会。

那个时候，全馆的副高名额也就是个位数，正高就是一到两个而已。所以，各个部门为了争这几个名额，打得不可开交。不少部门领导都想上职称，馆领导说够格才能上，不够格就不能通融。

于是，评委都超脱部门之上，完全不考虑个人感情、部门利益。

为了赶任务，我们连夜讨论，都是打破部门界限，反复平衡，还要看论著内容，是介绍性的还是学术性的，有没有雷同和重复等。甲部门评上的和乙部门没有评上的比，是否有什么过人之处，不能给别人挑毛病。

虽然还是有很多不如意的地方，但是一把尺子下去，大家无话可说。

现在人数多，名额也多，不能那样操作了，可以理解。

在很长一段时间内，全馆正高级职称的总数一直都是数得清楚的几个，最多不超过10个。现在，正高的人数接近三位数，也说明了国图事业发展的速度。

不同时期，业务工作和行政管理的关系不太一样。有一段时间，单位特别重视专家，高职称的专家担任管理岗位，被称为"双肩挑"，有特殊的待遇。因为从事管理工作，本来就很累，如果再要熟悉业务工作，就不是一件容易的事情。从我个人体会来说，也确实如此。如果不能耐住寂寞，不能经常熬夜挤时间做研究，是不可能出高水平成果的。

所以，馆长对双肩挑的部门主任都特别尊重，行政部门都全力为业务发展服务，不推诿，不设置障碍。

（2021 年 8 月 21 日）

老同事退休

一年又一年，老同事相继退休。管理岗位，和我同龄的寥寥无几。业务岗位，60后也越来越少。

按惯例，对退休员工都要谈话。其实这也不是特别大的事情，就是想交流思想、征求意见，也顺便叙旧。话题扯开，就谈到过去工作中的人、物、事，脑海里闪过一连串的影子，连贯起来就是故事，也是历史的记忆。

前一阵，一个老同事刚退休，回办公室取东西，半路遇到我，欲言又止。本来，那同事不善言辞，一般不主动和我说话。那天，我见他犹豫不前，好像想和我说话。于是，我也停下了匆忙的脚步，等待倾听。

他回过头来，也就说了一句话："这就退休了！"

貌似话不多，其实这里面的含义很丰富。我听出了他的意思：人生苦短，光阴如梭；对工作单位的人和事有眷恋。

上半年疫情防控期间，居家办公，有退休的同事，都是自动办理手续，不见面，于是也少了一些沟通机会。后来，中秋节前看话剧的时候，也见到了。

人到世界上走一圈，一切都是偶然。生命的出现，人类的进化，个体的诞生，相遇相知，都充满着不确定性。

我们要珍惜走过的路，遇到的人，才不枉费此生。

（2020 年 12 月 11 日）

江南文化为国家图书馆注入了重要的发展资源

馆庆期间，作为重头戏的活动就是为期两天的"图书馆·与时代同行"国际学术研讨会。

研讨会的开幕式和主旨发言占半天，然后就是分会场占三个半天。

昨天中午，第四分会场，上海社会科学院信息研究所研究员王世伟先生在《中国地域文化与中国国家图书馆的创始与发展——以江南文化为例》的发言稿中，竟然提到了我的名字，还提出了"江南文化为国家图书馆注入了重要的发展资源"这一观点。热心的朋友给我发来的图片，令我吃惊不已。

王世伟先生曾经担任上海图书馆党委副书记，历时 15 年之久。如果业内有人说"市委书记"，你不要觉得奇怪，大家指的就是"世伟书记"。同音不同义，大家也经常故意混淆，作为调侃。

大概 10 多年前，我去上海参加中国图书馆学会学术委员会会议，遇到一些麻烦，引起纠纷。世伟书记听说后就让金晓明秘书长特殊处理，从而解决了问题，避免了我的尴尬，也为主办方弥补了疏漏。我知道这个事情，就一直心存感激。

王世伟先生是著名图书馆学家，令我等仰视。2009年，他给我寄来了新书《国际大都市图书馆指标体系研究》，给了我一个学习的机会。

去年，他来我们图书馆参加刘季平与中国图书馆事业改革发展研讨会，我也与他聊天，谈起他最后一阶段的工作。

昨天晚上聚餐，这次是第一次正式接触，还留了联系方式，合影留念。

馆庆那么多有意思的事情，也是额外的收获。

我把他发言的那个页面转给了正在病榻上的孙蓓欣老馆长，她是第一位在国际图联担任高层管理职务的中国人，开风气之先。

我还建议王先生补充鲍正鹄先生。他是浙江人，曾经在复旦大学教书，后任北京图书馆副馆长数年，又到非洲讲中国历史，是让中国文化"走出去"、讲中国故事的先驱。

我刚到图书馆的时候，曾经有十来个上海籍的中层干部，被人称为"上海帮"。其实那时候南方人多，但也根本没有成为帮派，只是有人喜欢贴标签而已。

（2019年9月11日）

不同人的馆庆

从馆庆的前一个月开始，大家就产生了庆祝的感觉。建筑景观照明测试，二期外围水池恢复放水，一期庭院改造，围墙改造……一切都预示着这个日子即将到来。

馆庆活动，被安排得很满。

我经历过多次馆庆，目睹了时代的变迁。

第一次馆庆，应该是一种期盼。希望早日融入这个集体，成为一个真正的图书馆员。

第二次馆庆，应该是一种努力。希望在年富力强之时，做出一番事业。

第三次馆庆，应该是一种回忆。做了一辈子，不可能再做更多的事情。

以上我所说的馆庆，指10周年的大庆，平时每年一度的就不说了。

馆庆前后，会发新工装，有聚餐，还有馆区内各种装修和布置，日子还凑巧在中秋节前，大家喜气洋洋。

不同人的馆庆，应该有不同的含义。

对领导来说，馆庆是一个舞台，是展示自己、宣传自己的好机会。

对部分干部来说，馆庆是积极参与的机会，做好每一个细节，不出差错就是成功。

对普通员工来说，馆庆是当观众的机会，还能享受各种福利。美食、美景、美乐……心里也是美滋滋的。

对我来说，这是在职期间的最后一次馆庆，感觉也许有一些平常。考虑更多的，是浮华背后的苦涩。

馆庆前后一个星期，各种庆祝活动，穿插各种会议、学习，有点折腾人。

选择职业的时候，大家都已经想好了这个职业的各种可能性。不管出于什么目的入职，谁不希望自己从事的工作有前途？

开会布置任务的时候，我对大家说，不要把那么多活动当成任务。无论你以后是否还在国家图书馆工作，一生中经历的馆庆也就屈指可数的几次，这是人生中重要的纪念。

我们过去住单身宿舍的一些朋友们，大多数都离开了这个单位，但是回来聚会的时候，却对当时发生的一些大事记忆犹新。这样的记忆，永远不会被抹去。对于我们现在正经历的事情，为什么不好好珍惜呢？

馆庆当日，早晨升旗仪式，上午研讨会开幕式，下午研讨会分会场，加上晚上的音乐会，按部就班，顺利完成。

特制的饮用水瓶、盒饭午餐、合影照片……不管是否好东西，都是值得纪念的。

纪念章磁性不够，容易丢失。另外，纪念章佩戴的位置也五花八门，没有统一规定，出现在西服领口纽扣缝处、西服领口处、西服左上口袋处、衬衣领口处……

还有其他美中不足之处，在所难免，随便发一些感想而已。自己不参与那么多组织工作，别人辛苦干活，也不容易。

（2019 年 9 月 9 日）

翻译碑文的经历

那是 20 年前，领导给我打电话，说图书馆大石碑前的草地旁边要做一块金属牌，说明国家图书馆的历史概况，晚上打灯光照明。

文字不多，但是不容易翻译。

我告诉领导，这翻译要准确，不然别人会笑话，是否能给我时间查一下档案，例如当年的"京师图书馆"是否有过英文名。

可是领导说，时间紧，今天下午必须做出来，后天就有活动，凑合着弄一个就行。

我坚持自己的观点，领导不高兴了，以为我摆架子，不合作。我还是妥协了，虽然心里总有一个疙瘩。于是，就做出了一个不伦不类的金属牌。后来，我查到了正确的名称，领导说不换了，太麻烦。

过了一阵，新领导到任，让人转告我，说金属牌上的翻译有问题。我马上问："到底哪里有问题？"新领导说："我不懂英文，但是我知道那个名称是错的。"于是，我马上告诉老领导，说那个翻译错了，希望重新制作金属牌。可是老领导觉得那东西不起眼，没有必要大动干戈。

若干年后，图书馆建筑改造，大门口的草地也变成了工地。又过了几年，改造完成，那个金属牌也不复存在。草地恢复的时候，也没有人再提这件事情。也许领导知道这件事，却有意不提了。

这件事情虽小，但说明三个问题：第一，翻译的事情不可轻视；第二，不同领导的指示经常是冲突的，因为考虑问题的角度不同；第三，领导布置的事情，即使不合理，即使无法完成，也要想方设法去完成，但这也是要付出代价的。

后来，涉及图书馆内部翻译的事情，我尽量不过问。眼不见为净。

（2019 年 5 月 8 日）

干校放牛的故事

看望老干部，总能听到一些故事。

听蔡老师说，当年大家都下干校锻炼，有各种不同的工种，我们采编的老熊正好负责放牛。一天，牛跑了，大家着急，说赶紧去找。老熊却与众不同，他不慌不忙地招呼大家坐下，先仔细研究那只牛往哪个方向跑了，再去找。

老熊的想法是，理论指导实践，理论上弄通了，实践起来也更快。可是，实际操作起来却不那么简单。

下放干校，是一种特殊的经历，苦中有乐。回头看，也有一些幽默的事情，可谓"苦恼人的笑"吧。

老同事聚会的时候，经常重提旧事，大家都高兴，也不认为是谁故意笑话谁、贬低谁。老熊离开了我们，关于他的事情却一直在大家心中。我们提这些事情，也没有感觉对他有什么不敬。

（2019 年 1 月 17 日）

第二部分

人物记忆

老有所为的蔡兴文老师

2021年最后一个月的第一天，接到老同事蔡兴文老师的电话，说是给我几本书，都放在了门卫那里。

晚上我到门卫处去询问，看到一大包书，非常惊喜。

蔡兴文老师现年88岁，曾经当过兵，转业后到图书馆从事俄语图书采编工作。翻译图书，其实是他在退休后才专心做的事情，他出版图书数十本，可谓老有所为。

能用几十年时间，专心做自己喜欢的事情，也很不容易。

他认为自己一生中最重要的译作是《怎样培养真正的人》。这是教育家苏霍姆林斯基的杰作，蔡兴文老师耗时1年翻译完成，此书1992年由教育科学出版社出版，重印15次。

此外，他主编了《苏霍姆林斯基选集》（五卷本），耗时2年完成。

作为图书馆员，他还编写了《书成就梦想》一书，介绍名家通过读书而成功的经验。

退休后能如此刻苦，而且坚持不懈，有诸多成果，也是非常不容易的事情。

有人统计，图书馆员长寿的比例高，大概是因为他们都有平和的心境，而且擅于思考。

蔡老师上班的时候，我还年轻，我们之间没有很多交往。倒是退休以后，他经常找我，每次出了书都会给我。在此，祝他身体健康，在翻译事业上做出更多成绩。

（2021 年 12 月 11 日）

沈公的遗产

沈昌文先生的告别仪式，定于 1 月 14 日。但是因为疫情防控，只能限制 50 人参加。我们担心不能去八宝山，就提前去同仁医院，在起灵的时候告别。

参加起灵的都是近亲和好友，有 30 来人。我们环绕一周，摄影、瞻仰遗容。突然听见欢快的邓丽君的歌曲《甜蜜蜜》，我觉得不合时宜，以为有人的手机没有静音。后来听见音乐一直在响，觉得是故意而为，才想起来他过去说过，他最喜欢的是邓丽君的歌曲。估计是遗嘱，要求家人播放邓丽君的歌曲为他送行。

太平间门口有一个扫把，冠生兄让我摄影，把扫把框进去。碰巧我在医院南墙东交民巷 1–1 门牌处拍摄到一堆扫把，也符合沈公自称的"扫地僧"称谓。

后来，治丧委员会说，加上我们，人数也在 50 人范围内。于是，14 日上午大家如约而至。殡仪馆服务不错，沈公化妆后显得很安详。我见到出版集团的不少领导，都是业界熟人。

冠生兄带来一本关于林肯成长故事的书，有插图，有藏书票。他说是沈公给他的女儿读的，现在给更适合的人收藏，于是就想到我。在今天这个场合，这再合适不过了。我在灵堂门口，接过冠生兄手中的书。这本小书，成了永久的纪念。

告别仪式，三人一组，进入瞻仰，碰巧我与于奇和陈先生夫妇一起进入。回想 1998 年，于奇陪同沈公在紫竹桥附近和我一起吃午餐，才有了我们这段特殊的缘分。今天我们走在一起，更是神奇的安排。于奇说，沈公不在了，我们见面的机会不多，以后她安排聚会。

单位里事情太多，我不能留下吃午餐，只好匆匆告辞。听说，老朋友们聊到很晚。

回家的路上，怀揣着冠生兄转赠的书，我在地铁上就开始阅读。这是沈公的有形遗产，应当好好保存。沈公书房里的资料，更为珍贵，我有心牵线收藏。沈公一开始说要等女儿回来决定，我知道那是托词，后来这些资料都被安置在了更安全的地方，我也不敢染指。好在我之前都看过，也没有遗憾。

实际上，沈公的无形遗产还有更多，我们要继承下去，发扬光大。

（2021 年 3 月 7 日）

告别沈公

星期日早晨，朱立利先生给我打电话，说沈公走了。

这消息来得很突然，但大家也都有思想准备。

沈昌文先生，人称沈公，是出版界的元老。他在三联和《读书》杂志任职期间的故事，为人所津津乐道。特别是改革开放初期，他主持出版的一些图书，滋养了我们这代人的心灵。

沈公与我父亲同龄，和我成为忘年交。我们认识有20多年，那时候《万象》刚刚开张。

后来的故事，我写了不少，散见在我的博客、随笔里面，不一一赘述。

最近我见到他，觉得他衰老不少，思维不那么敏捷了。这是自然规律，不可抗拒。一次他独自参加聚会，找不到地方；另一次他去上厕所，回来找不到包间。不过他还是很乐观，总喜欢开玩笑。元旦前一次吃饭的时候，他隔着座位冲我说："那个国家图书馆的，你是否能开一个后门？"我以为他想借书呢，马上洗耳恭听。没想到他接着说："你把你旁边那瓶剩一半的啤酒给我行吗？不要让别人知道。"我听了扑哧一笑，他还是那么幽默，那么乐观。他夫人不允许他喝酒，但他出来总要喝几口，大家也不希望他过量。那天，我特意把半瓶啤酒藏了起来，不料他还是发现了。那次见面，大概是他最后一次公开亮相，具有特殊的意义。

他为社会做出的贡献，我不多说，自有公论，而且各种书刊都有介绍，有兴趣的读者可以去阅读。他是我的长辈，也是我的老师，更是我的好朋友。我通过他认识了不少文化人。曾经是他张罗聚会，我们参加。后来是我们张罗，他参加。虽然他听不清大家说什么，但看到别人冲他乐，总认为别人说的是"我爱你 / I love you"。

前几年，他身体很健康的时候，饭后总是说："欢迎大家不久的将来参加我的追悼会！"这也表明他对生命的消逝过程看得很淡，而且乐在其中。

沈公走了，我们觉得失去了很多东西，不会再有。但是他的精神，一直留在我们心中。

朱先生说，他的一些资料，我们应抽空仔细看看。其实，

2014 年 10 月我和简平兄去他书房的时候，都看过，知道它们的价值。因为时间关系，没有仔细阅览。这个宝藏，如果开发出来，一定非常珍贵。

我 9 点左右告诉简平先生沈公去世的消息，他马上忙碌起来，11 点多就在《上观新闻》里发布了消息，这是全国首篇悼念沈公的文章，而且是长篇文章。他的效率之高，令我惊讶。简平是老记者，他用这种特殊的方式，作为对沈公最好的纪念。

（2021 年 1 月 11 日）

孙蓓欣副馆长走好！

7月10日中午得知，孙蓓欣副馆长在凌晨离开了我们。还是去年9月2日，我去北大医院看望她，后来听说她几次转院，加上疫情影响，我们一直没机会再见。

孙蓓欣是我的老领导，也是校友，甚至是系友，但直到我工作多年后才有机会认识她。她对部下要求很严格，我当时无法接受，后来回想时才感到其用心良苦。

她是我国第一个走上国际图联舞台的人，曾担任执委会委员，为1996年北京国际图联大会的成功举办发挥了重要作用。2020年初，我们集体观看《口述国图》纪录片，影片中她讲述了早期出国参加会议的经历，引起了我同样的回忆和强烈共鸣。

我们出国参加会议的经费都有严格规定，而20年前的经费尤其紧张。孙蓓欣副馆长在担任执委期间，去荷兰开会时，因为经费有限，只能住在家庭小旅馆，距离会议场所和其他执委居住的宾馆都很远。被人问起来，她不愿说出是经费太少，而是机智地说是为了给国家多买书，自愿节约经费。她的回答赢得了国际同行的尊重。记得 2008 年和 2009 年我去巴黎开会时，经费仍旧很少，我住在距离会场很远的文化处宿舍和市中心的家庭旅馆，因此被国际同行关心询问，却也不愿说明真实原因。为了推动中国图书馆事业走上国际舞台，加强国际交流，中国图书馆人曾经克服了许多不为人知的困难，付出了种种努力和很大心血。

1997 年，我第一次去丹麦参加国际图联大会，就是在孙蓓欣副馆长的全力支持下才申请到资助的。这是我走上国际舞台的第一步，具有特殊意义。

美国编目专家芭芭拉·蒂利特于 2002 年 9 月访问中国时，孙蓓欣副馆长负责接待，我正好出差，缘悭一面。后来芭芭拉说，国际图书馆编目界一直想找一个中国的联络人，孙蓓欣副馆长推荐了我。于是，我在这个领域里努力工作了 10 多年，促进了国内外交流，推动了一些进展，终于没辜负大家的期望。特别是 2012 年在国家图书馆举办 RDA 培训班，邀请芭芭拉主讲。这个会议也促成了芭芭拉与孙蓓欣副馆长两位专家 10 年后的重逢，颇有纪念意义。

我第一次分房子的时候，孙蓓欣副馆长帮我争取，处事公正，我至今还感谢她。

她退休前，把不少资料都给了我，成为我后来从事研究的基础。今年 5 月，我整理自己的资料时，看到里面有一本孙蓓欣副馆长的藏书，正好是国家图书馆缺藏的，于是在征求她本人的意见后，转给中文采编部入藏。捐赠证书还在我手上，没有来得及给她本人。

2008 年起，在孙蓓欣副馆长的介绍和支持下，我参与了 ISO5127 国际标准的修订工作。除了我以外，参与修订的都是国内顶级专家。2010 年，对应的国家标准正式发布，是同类标准中篇幅较大、难度较高的。

这几年孙蓓欣副馆长身体不好，经常住院。每当我们想去探望她时，她都说："不用来看，等我出院后，我去看你们。"这次住院时间太长，没想到她竟永远离开了我们。

她这一辈子太劳累，祝愿她在天国多休息！

（原载:《国家图书馆通讯》2020 年 7 月 11 日，有改动）

纪念邵文杰老师

今天偶然得知，前任副馆长邵文杰先生去世了。那是在 2 月 24 日，疫情最严重的时候，家属遵嘱不举行告别仪式，也没有通知我们相关人员。到现在，知道的同事也不多。

邵老师博学多才，理工科出身，精通多国语言，擅长理论写作，是那个年代最早从图书馆界走出的学者之一。

邵老师是我的师傅，我刚入职的时候就是在他的带领下成长起来的。

他退休以后，做一些顾问工作，我负责管理他的工资和办公室，我们还经常见面。

后来，图书馆有计划地安排"师带徒"项目，我是受益者之一。

10 年前，他搬家去和平里住，我们就较少见面了。这几年，他住在郊区的养老院，我就不方便过去了。几次想跟老干部处的同事一起去看望，但是他们人太多，我跟着也不合适。

2012 年 9 月 18 日，同事为邵老师整理口述史资料，于是我和邵老师照了一张比较正式的合影。

我在《图书馆论坛》2018 年第 5 期的文章《我这 30 年——一个图书馆员的心路历程》里，曾多次提到邵老师，以此来纪念我们之间的情谊。

（2020 年 6 月 3 日）

特殊的日子：纪念故人

清明，全国性的哀悼活动，在我的记忆中是很少有的事情。几个月来的疫情，牵动了亿万人的心。在此祈祷疫情早日过去，祈祷国泰民安，祈祷人类躲过劫难。

我也顺便纪念一下已故的父母。父亲离开我们 20 年，母亲离开我们 10 多年。

其实，对家人的纪念，自己心里有数就行，不必公开到处说，今天也顺便表达一下。

然后，就是纪念上个月离开我们的两个人。

一个是表哥邵祺，60 岁出头，因突发遗传性疾病，坚持了半年。他是艺术家，做过象牙雕刻，旅美归来，从事美术教学。去年 9 月，我们在北京还短暂见了一面，不料竟是永诀。

另一位是我的同事杭志高老师，他在经历了很多不顺心的事情后，也走了。他从事俄语图书采访工作，我们在同一个办公室很多年。我们每年都能见几次，今年春节前去他家，却与他失之交臂。

人类的出现在地球上很偶然，人生只是一个瞬间。几百万年以后，地球上甚至可能找不到人类存在过的痕迹。作为匆匆过客，我们要珍惜活着的日子。

（2020 年 4 月 4 日）

杨仁娟老师二三事

惊悉老领导杨仁娟老师去世，感觉非常突然。她刚过 70，年龄应该不算太大。而且过年的时候我们还见过，没有发现任何问题。

自从 1990 年外文选书归外文采编部以后，我就一直和杨仁娟老师共事。她负责国际交换业务，我负责图书选书业务。后来她当副主任，主管我的工作。成立采访部以后，金凤吉老师当主任，杨老师还是副主任。1998 年，中外文合并，成立图书采选编目部，我就接替了杨老师的工作，任新成立的外文图书采编中心主任。过了一年，机构改组，我的岗位名称变为图书采选编目部副主任。

因为工作性质接近，而且都是上海人，所以我们之间的交流比较多。上海图书馆的研究员杨秋萍老师，也是她的好朋友。她为人耿直，遇到事情，愿意为我抱不平。到现在，我还记得那些年的不少事情。

她曾经赴澳大利亚国立大学图书馆工作一年，而我后来去澳大利亚国家图书馆工作半年，于是我们有不少共同的朋友，例如雪莉（Shirley Johns）和苏珊（Susan Prentice）等。澳大利亚的朋友到北京，我们还会组织聚会。

1996年，北京国际图联大会前夕，我们组织中美图书馆合作会议。杨仁娟负责筹备组工作，而我则是筹备组的成员。那时候，好不容易才能拿到一些经费，我们精打细算，自己设计、打印相关资料，省出来不少钱，都作为创收成果上交。

听女同事说，杨老师很会过日子，随身带针线，缝补自己的衣服，必要时还临时动手调整衣服的结构。

后来，她因为家里的事情，离职出国去新加坡多年，很少与我们联系。

回来以后，她在中国图书馆学会负责对外联络工作。2005年，我们还一起去挪威参加国际图联大会。她负责学会的代表团，忙前忙后，听说还丢失了证件，颇费周折。此后，我还在韩国等其他国际图联大会上见到她，不过我们不是一个团，所以就只是见面寒暄几句。

退休后，她的"组织关系"在我们部门，于是年底慰问的时候，经常能见到她。有时候她到单位来报销药费，顺便到我办公室坐一会儿。而我，总有各种事情，没能陪她多聊。

她走得很仓促。忙碌了一辈子，也该休息了。

（2019 年 12 月 18 日）

饕餮沈公

认识沈昌文先生20多年，有很多接触。如果要说一些关于沈公的事情，那我首先就会想到吃，亦即饕餮之事。

关于吃，沈公在自己的书里就直言不讳："我编的是小刊物。当年，我们编辑部或在地下室，或在厂房，不成体统。本人忝为主编，文房四宝之外，斗室之内有三样不可少：冰箱、电砂锅、咖啡壶。"电砂锅里炖的是红烧肉，冰箱里冷藏的是"普京"（普通燕京啤酒），几杯小酒落肚，吃饱喝足，之后再来看稿改稿，沈公形容"如得神助，灵感迭现"。说的是吃，但也说明当时工作环境之艰苦，大家苦中有乐，做成了事业。上海人对美食特别讲究，沈公也不例外。在改革开放初期，餐饮服务业很不发达，大多数人都不可能经常外出用餐。他能利用"吃"这件人生琐事，把工作做好。大千世界，无奇不有。美食下肚，美酒一干，人与人之间的距离就会缩短。做大事的人，需要肚量，吃也是一个方面。

第一次见沈公，是 1998 年，在紫竹院西侧一个小饭馆，不记得吃的是啥，无非是家常的川菜，但谈的事情却令我印象深刻，涉及干校、阁楼、上海旧事、《万象》等等。一个老先生，没有什么事情就请我吃饭，让我感觉有点诚惶诚恐。而且，在找人办事必须先吃饭的年代，不知道他有何意图。同行的于奇女士让我不要太紧张，而且沈公也说，不是他自己的钱，是俞晓群让他请客。我当时也不知道俞晓群是何方神圣，懵懵懂懂，也就交上了朋友。

后来，吃饭的事情当然不少，他总有电话来邀请，可是我却工作太忙，参加次数不多。事后回想起来，饭桌上的都是现在的朋友。出版界的名流，错过了很可惜。他约我用轻松的笔法介绍国家图书馆，我按期交稿，在海峡对面发表了。

令人印象深刻的是，2010 年 1 月，一天晚上吃上海本帮菜，在座有上海来的唐先生等朋友，还有美食家赵珩先生等客人，自然少不了螃蟹和鱼虾。其中宁波"呛"蟹（酒糟后的生蟹），一分为十，人人有份。北方人一般都受不了鱼腥味，不习惯生吃海鲜，还能理解，没有想到上海来的客人也没有吃几口，最后是一半给我打包回家，一个人独享了美味。

有一次，沈公要见某领导，不熟悉，不知道如何套瓷，就想方设法了解他的籍贯、他对吃的偏好，于是就去了有地方特色的菜馆，领导非常满意。不仅办成了大事，二人也成为好朋友，为后来的工作打开了局面。这话听上去有点匪夷所思，却也体现了沈公的细心。

2011 年 9 月，在沈公八十大寿纪念会上，我听到王蒙先生说沈昌文"在发展北京餐饮业上做出了贡献"，可见沈公爱吃是众所周知的。凑巧的是，沈公活跃的时期，正是中国餐饮业迅速发展的年代，说笑中也刻画出沈公的为人风格。王蒙先生继续说道："大哉沈公，无所不通；大哉沈公，无所不精；大哉沈公，随心所欲；大哉沈公，嘻嘻松松。"其实，吃饭，也是他"随心所欲，嘻嘻松松"的一个方面。有人吃饭贪酒，忘记了正事，而沈公则外圆内方，随意之中有自己的坚持。

过去，如果他做东，还需要周旋。现在，每次他请客，都是别人买单，于是他也无所谓，只顾自己吃，反正别人说啥也听不见，享受美食是最重要的事情。饭桌上谈起他，大家的目光都会转过去，而他也会心一笑，好像都听懂了。其实，他告诉我们，你们说啥我都听不见，就当你们说的是"I love you"！

话说爱美食的人，肯定比较挑剔。特别是上海人，对食材、烹饪方式、品尝时的温度、餐馆服务质量等都比较讲究。我觉得，挑剔不是坏事，一般挑剔的人都能把事情做好。沈公爱吃，在出版行业也是追求完美的人。在沈公的策划下，改革开放初期出版的《宽容》《情爱论》《第三次浪潮》等西方经典著作，还有蔡志忠漫画、金庸小说，在社会上引起极大反响，也成为一个时代的标志。只要是读书人，回头看那个年代，无人不知这些书。即使没有读过，也肯定听说过，并以不知为耻。我的成长经历，正好与这个年代重叠，可以说我的身上有这个时代的烙印。后来，我才知道，这些影响深远的图书，都出自这个"欺骗北京人的上海人"，这棵"交际草"。沈公不仅是饕餮食客，而且自己就是精神烹饪大师，从找原材料、物色作者和译者、协调多方关系、解决难题，一直到出版、印刷、装帧，为大家奉献了精神大餐。他策划的书之所以能成为时代的标志，也是因为他能把握住烹调的火候，可谓改良版西餐，感觉新鲜，但也不至于影响消化。

有一段时间我们不经常来往，但仍时有电话联系，他总说自己"老年痴呆"，不记得事情了。他留的电话有好几个，一个是家里的，一个是书店里的，后来才知道书店那个电话号码是书店旁边咖啡馆的，他竟然每天都到咖啡馆报到，有事情联系就打咖啡馆电话，服务员也都知道他。一次，参加图书颁奖典礼时，他给我他自己的手机号码，可惜他自己也记不住手机号码，而是用纸贴在手机背面。

2014年国庆长假，我和简平兄一起约沈公聊天，他把地点定在书店里的雕刻时光咖啡馆。点了一杯咖啡以后，就开始聊天。聊到自己的书房，沈公竟然热情地邀请我们去看，这很令我感到意外。我们匆匆离开书店，上了出租车，没有几分钟就到了他的书房。书房朴实无华，正符合我的审美。自己设计安装的角铁书架，还有自己设计的照明电路，本身就体现了沈公的个性。里面的藏书，很有特点，甚至有几架都是音乐类图书，我的译著也赫然其中。墙上悬挂丁聪作于1987年的《〈读书〉百月生日气象记录》漫画，有诸多名人的签名，十分珍贵。特别是书房里还放着沈公多年积累的手稿，我看了怦然心动，几次联系沈公，想将其纳入馆藏，可是他总有托词。估计是另有下家，或者有不便之处，我也不再勉强。

我自己也爱吃，喜欢烹调，自然对吃有一定的讲究，虽然没有达到美食家的程度。特别是每次吃臭豆腐、炒大肠的时候，我们之间更是"臭味相投"。

有几次，我们一起吃如皋菜，能体会到南方的特色，自然少不了草头圈子、大煮干丝等特色菜。吃饭以后，他总会向大家做总结发言："欢迎大家不久的将来参加我的追悼会！"
不熟悉的客人听了不知所措。看上去幽默，但表现出他对人
生的淡然态度。人生的终极目标不是寿命，而是过程，我们
都理解他的意思。

最近，时而还有机会见面。他喜欢吃醉虾，是将活虾用
酒和调料现场调制，眼睁睁看着活虾醉晕过去。这道菜北方
不多见，北方人也不一定喜欢吃。席间，他总爱喝一瓶啤酒，
虽然家里人不希望他多喝，但他还是少不了这口。

吃饭前，他会去逛书店，而一般不会空手而归。吃饭迟
到，大家怕他迷路了，其实他又提了一捆书过来，饭席上向
大家介绍自己的收获，甚至还把买的书送给别人。

民以食为天，偶尔衍生出社交的功能。到了晚年，不是
为了吃饱，见到那么多朋友本身就是乐趣，而且还能享受美
味，这真是神仙过的日子。

（原载：《八八沈公》，浙江大学出版社 2019 年出版，有改动）

谈金铠老师二三事

老同事谈金铠老师 5 月 5 日去世，享年 86 岁。因为我不太关注各种告示，所以晚了两天才知道。

我们没有共事过，年轻的时候感觉他们部门很神秘（是我们馆唯一的国际性业务部门）。后来住一个楼，互相有了了解。有几年时间，我在他过去工作的部门里做事，每年过年总要去他家看望。

他是一个非常刻苦的图书馆员，不仅工作敬业，还发表了各种文章，破格评上了副高级职称。他在职的时候，就发了不少研究成果，包括 3 种图书和 20 多篇文章。这在现在看来也不少了，这种成就在当时更是凤毛麟角。他其实够评正高的，但是那时候要求严格，而谈老师的学历大概最终还是一个巨大的障碍。

退休后他还经常在报纸上发表文章，我认识的报社记者，也熟悉他。

典型的图书馆员，大概就是如此。

网上可以查到他自己写的短文《我与国图四十年》，大家可以阅读了解。其中提到的捐赠外文书的事情，是我亲手办理的。

（2019 年 5 月 9 日）

图书馆里的"强迫症"患者

做什么事情，做到极致，就是痴迷。而痴迷，从某种程度上来说，就是强迫症。

图书馆采访工作人员，有几个特点。从好的方面来说，都是杂家，知识面广博，熟悉各种语言。从坏的方面来说，就是不喜欢著书立说。所以，图书馆采编人员里，采访馆员评上正高的很少，而编目人员则都忙着写书。

曾经有一段时间，也就是刚开始评职称的时候，不少老一代采访馆员被破格评为副高，就是因为他们的广博知识面和敬业精神，而这在现在看起来已经不可能了。

谈到采访馆员，大家不由得想起南京大学图书馆的陈远焕先生。

浙江大学图书馆的张军先生回忆，一次到武汉开会，傍晚 5 点会议结束后，大家到外面去吃饭。路过一个书店，陈远焕先生说先进去看一下，大家都等了 10 分钟，结果他出来说："你们先走，我看到一本书我们好像没有，我一会儿过去找你们。"吃饭吃了 1 小时，书店老板打来电话，说他已经在那里吃过饭了，让我们先吃。等大家吃完饭，老板说，他架了一张行军床，今天在这里住下了，明天再回去。

上海图书馆任国祥先生回忆道，陈老师强迫症到如此程度，到别人家去做客，都要看别人家的藏书是否在自己的图书馆有馆藏，如果没有，就要软磨硬泡拿下。更有甚者，他还随身携带采集器（扫码枪），在别人家里扫码，做馆藏查重，如果机器有声音，说明自己图书馆没有，就要想方设法弄到手。于是，南京大学图书馆的中文馆藏有特色是众所周知的，大家都交口称赞。

听了这些故事，大家在觉得好笑的同时，也陷入了沉思。陈老师的敬业精神，是我们图书馆采访人员的榜样，比那些刻板的宣传更实在。

回头一查，我已经写了两篇关于陈远焕老师的博客，奇人必有奇事。

图书馆要多一些"强迫症"患者，我们的事业才会有希望。

（2018 年 12 月 17 日）

纪念熊道光先生

今年事多，昨天惊悉老同事熊道光先生走了。

熊道光，男，1920 年 11 月 22 日出生于万州区（旧称万县）黄柏乡四坪村，万县万中初十二班毕业，1946 年万中高七班任教，任万县私立鱼泉中学校长，1950 年任万县市市立中学校长。后任万县市文教科长、副市长、地区文教局长兼地区科委主任。1965 年起任国家图书馆采选部党支部书记、副主任，研究馆员职称，1989 年离休。

我到国家图书馆工作的时候，熊道光先生还在上班，因为当时缺专家，退休年龄也没有严格的限制。

新中国成立初期，国家缺少文化干部，从各地抽调，所以熊道光先生就过来，一干就是几十年。

熊老十分认真，对工作精益求精，对青年人也严格要求。刚认识他的时候，还真不太习惯。现在回头看，国家图书馆老馆员的精神，一直在我们身边发光，值得我们珍惜。

因为认真，所以遇到看不惯的事情，他就要说出来，而且他说话也容易激动。特别是当年轻人的言论不符合政治要求的时候，他格外激动，开会时说很长时间。

他早年就加入我党外围组织，后来正式入党。离休的那年，他还自己去首都体育馆，给驻扎在那里的官兵送锦旗，可见他对革命事业的感情。

我轮岗回到部门工作的时候，他已经90高龄，每年过年前少不了去看望他。在他的张罗下，老同事们每年团拜会后还聚会。聚会的时候，一个保留节目，就是老寿星开场白。而每次他的开场白，都是国内外经济形势，大家听了都乐，一方面是为国家繁荣富强而高兴，另一方面也回顾了历史，几十年的工作学习场景历历在目。

他退休前，负责马列书籍的选择，所以国家图书馆马列类文献齐全，有他的功劳。在20世纪80年代，信息技术还很不发达，他就定期从美国国会图书馆赠送的LCMARC磁带数据里，打印出我们需要的书目信息，对照馆藏查重，比对自己的不足。在他的影响下，我在20世纪90年代利用光盘补充了大量的馆藏。现在的年轻同事们，则利用因特网技术，如虎添翼。

今年年初，我去他家里看望他，他还谈到了20世纪80年代图书进口的事情，有视频为证。

熊老工作出色，当过部门主任。他也善于教育子女，三个孩子都是外语人才、国家栋梁。每次到他家，看到那张全家福，我都禁不住赞叹几句。与他家人聊天，竟然有人记得30年前见过我的事情。他的子女们从小在图书馆院子里长大，有特殊的图书馆情结，现在周游世界的同时，也忘不了去各地图书馆看看，这与我有共同语言。

老伴能干，他自己对生活就不那么操心了。据传，在干校的时候，他为大家做鸡汤，竟然把整只鸡都放进锅里，不拔毛，不去内脏，不知道那天谁吃了这锅鸡汤。这件事情后来总被大家提起，作为茶余饭后的笑谈。后来，他的老伴说，这是张冠李戴，是另一个张先生的事情。

熊老身体健康，与他热爱锻炼是分不开的。他年轻时参加冬泳，洗凉水澡，这些都不是常人能做到的事情。

到了90高龄，他还坚持自己步行外出。去年6月，我们去昌平看望老同事韩宝光，他还坚持自己要去，我们一起坐那么久的车，都是我没有想到的。

熊老很守时，宁可自己等别人，也不能让别人等他。每次参加活动，他都提前到，令我们这些"年轻人"汗颜。不过也许正因为这个好习惯，去世前一天他才因体检而早起，大概没有休息好。

据说与长寿老人握手会有好运的，所以我每次见他，都要多握一下手。

我录了一段他谈长寿的视频，在网上可查到。

熊老走了，平静、安详地走了。他带给我们的福分，却一直留在我们心中。

（2018 年 11 月 2 日）

第三部分 编目工作

图书编目加工细节若干

对于图书馆编目工作，有人认为，制定规则后就容易了。

实际上不完全如此。编目工作是有灵魂的，不是机械的。例如作者的数量，过去编目规则上规定，只能著录不超过三个作者，而且对应的标目（检索点）也如此。其实，目录就是为读者服务的，对于重要的图书，例如一个著名作家的文集，最好是把有关作家都著录出来，并建立检索点，而不用等到规则修订后再遵从。

广义的编目工作还包括加工。书标位置、条形码位置等，都有规定，但即使有规定，也不能遮挡书上的重要信息。有一次我看到一本比较珍贵的书，1900 年以前出版的，其条形码贴在出版社名称上。我看了很心疼，但也无法指责别人，因为当时有规定，条形码必须贴在那个位置，而且那书太小，文字太多，找不到其他地方可贴。

做编目的管理人员，不能大撒把（撒手不管），要经常关注各个环节，发现问题，解决问题。有一些问题，不能太死板，不能唯规则论。

还有一次，我看到一本旧书被重新装订。负责装订的书库工作人员，出发点是好的。但是他们没有想到，装订厂直接做了一个新的非常粗糙的封面，原封面也不要了。然后，书的开本也被裁切，面目全非。我把问题反映给有关部门，他们说现在已经不这样做了，我听了稍感欣慰。现在遇到这样的书，特别是古旧的有价值的图书，都不装订，而是选用无酸封套（类似信封），保持原样。

大概20年前，我在某科组看到一本书，封面已经断裂。图书馆员好意，用塑料胶带粘贴。我看到这种做法后非常震惊。这样粘贴，不仅没有保护图书，而且还进一步损坏了图书。本来封面上有图案，粘贴后，胶带无法去除，时间久了，胶带老化，会进一步损坏图书。

编目加工，要思考，要有灵魂。当然，要做到这样，也需要有付出，得不到什么学术成果。图书馆管理人员，要鼓励有灵魂的编目员，但起码要自己懂业务，而且经常下基层，才能做到。

（2022 年 6 月 6 日）

小语种编目方法种种

小语种图书，是编目中的难点。

首先是看不懂，其次是特殊的字符不会录入，也分不清对错。

过去没有网络，就只能请专家过来。专家如果讲价钱，我们还不好出钱。

外语学院的裘祖逖老师，曾经做过领导人的翻译，还翻译过电影剧本。这么厉害的人，到我们这里也都是义务劳动。20世纪90年代，我与西编组郝生源组长关系不错，去他那不到10平方米的办公室里，经常能看到裘老师，和他并排一起工作，还聊天。海阔天空，无所不谈。那时候，部门领导也不好意思让他白干，尽量开一些劳务费出来，但这就是象征性的表示，不能算是报酬。回头看这个时期的罗马尼亚语图书，真是非常齐全。

后来，我们用光盘下载，就能找到一些小语种数据。美国国会图书馆的光盘 Bibliofile 能下载 USMARC 数据，OCLC 的 CatCD 也有一些，但都不能完全满足需要。而且大多数主要用于打印卡片，下载的数据不能正确显示特殊字符。

最早的电脑操作系统，只支持小字符集汉字，不支持西文特殊字符，更不支持小语种。到了 Unicode 字符集时代，Windows 操作系统支持各种文字，于是大多数语言也都能在网页上正确显示了。

网络时代给小语种编目带来了很大的便利。首先，我们可以检索各个国家图书馆的数据，其次可以检索 OCLC 的 WorldCat 数据库。

各国的国家图书馆，对本国出版物自然都有比较全面的编目。但各个国家的情况不同，不能强求。例如，法国国家图书馆、波兰国家图书馆、匈牙利国家图书馆等，对本国的出版物编目都比较详细，也比较及时。但有一些国家图书馆，别说数据不及时，还没有英文界面，检索非常费劲。特别是碰到一些国家，曾经在历史上的不同时期使用过基里尔字母和拉丁字母，或者拉丁字母和阿拉伯字母，就更不好判断了。

WorldCat 数据库虽然内容多，但也要看其成员馆的参与情况，还有上传数据库的及时性。如果遇到一些特殊情况不能使用，也只能望洋兴叹。

另外，还可以通过书店网站查找，这也是我实际工作的体会之一。大书店如亚马逊等，就可以查到不少书。如果是比较专的语言（例如希腊语），可以查本国的书店，也能找到不少图书信息，但是需要自己判断信息项，而且所需要的信息也不一定齐全。

过去，看不懂外语就查字典。最难的是不认识字母，字典都没法查。现在，有了网络翻译服务，直接粘贴就行了。虽然机器翻译有不少问题，但也可以参考，了解大意。

如果实在查不到，就只能做原始编目。为了降低编目复杂性，可以先查找类似的图书，复制编目数据，修改不同信息，也可以省力。不过，还是要懂一些相关语言的基本知识。例如，希腊语的"西格玛"（Σ），不仅有大小写区别，还有词尾的不同。如果仅靠复制粘贴，也会出问题。还有，匈牙利语有冠词，需要了解。匈牙利人名经常不倒置，也不能弄错。

我对语言有特殊的爱好，对网络工具也比较熟悉。这些年在我的推动下，国家图书馆大多数语言的图书都做了编目，不少语言的第一条数据就是我尝试编录的，例如俄语、日语、印地语、越南语、希腊语、希伯来语等，它们都与其他语言有不同的特点。

如果拿到小语种新书，我就帮忙做数据，在采访环节就做完整的编目，也省得编目人员看不懂，积压好多年。

信息时代为我们带来了不少便利，但也不是说网络可以替代人工。我们既要充分利用网络资源，又要修炼基本功，没有人的正确判断，是绝对不行的。

（2022 年 5 月 31 日）

旧书清理始末

图书馆馆藏中，有不少来不及编目，或者工作人员没有能力编目的藏书积压在一起。

30年前，大概是20世纪90年代初期，我就了解到书库第18层有不少积压的图书，估计有8万册，大多数都是新中国成立之初从各地调拨来的，来不及编目。

那时候还没有网络，无法下载数据，更增加了难度。

当时的业务处处长朱南先生，知道这批书的价值，希望早日对外提供服务。外文采编部副主任蒋伟明先生，也经常鼓励我，要坚持做这个事情。

我一个人，每周去两次，把其中比较好的书挑出来，放在地面，等有人来的时候另外摆放。因为那层都是积压图书，平时没有人，不开窗，不开灯。我每次去，要先拿钥匙，然后开总开关，再到指定地点挑选。为了安全，一般也不开窗，于是就得忍受闷热和孤独，还有螨尘。

可是，需要协调的问题太多，我有一段时间没有去，书库管理人员为了保持整洁，看到地面有书，就又重新归架，我的工作都白干了。后来经过沟通，我又重新恢复了工作，挑出一些与中国相关的图书先编目。

2006 年前后，启动回溯工作，我策划采用外包的方式，逐年解决问题。后来我去了中文采编部，等 2011 年回到外采，已经是扫尾阶段了。

回溯完的书，还有不少问题，例如破损的需要处理，一些时间段的不能对外服务，需要逐个甄别。还有，数据不是很完善，需要修改。

我和同事们一起进书库，又是熟悉的楼层，熟悉的架位，感慨万分。年轻的同事们不怕脏，逐个分析旧书的类别，与历史对话。现在回头看，这些西文图书，大概有 14 万册。

如果现在启动工作，估计还要做若干年。一晃，两个 30 年就过去了。做一件事情，还真不容易。

只要坚持，前赴后继，总有出头之日，不是吗？

（2022 年 5 月 20 日）

论护封信息的重要性

护封和书腰，都是近 10 多年来国内出版界常见的东西，多用于提高图书的档次，或者增加宣传内容。

35 年前，我刚到图书馆工作的时候，中文图书基本没有护封和书腰，而外文图书上的护封和书腰，都让人觉得新颖、时尚。但是，图书馆在管理过程中，不好处理这些附加物品。如果保留护封，首先就必须贴两次书标——封面上一个，护封外一个；其次，读者如果觉得护封好看，自己拿走，图书馆员也不知道书上曾经有护封，无法追究。这种管理方法，适合于不提供阅览的保存本图书。于是，在编目环节，护封都被丢弃，留下一个没有任何设计的单色封面。

但是，护封上经常有作者信息和图书介绍。特别是过去的精装本颜色单一，没有护封就很难看。

一些做设计的或者出版社工作人员，总想来看要丢弃的护封，寻找设计灵感。

随着印刷技术的发展，封面也能印一些彩色画面，于是不少精装书的硬壳封面，与护封设计相同，或者是基本设计相同，只是采用不同的配色。在这种情况下，护封的保存意义也就更少一些。

瑞典万之书屋出版社（Bokförlaget Wanzhi）出的不少精装本都有护封，设计风格与封面基本一致，但是勒口有作者介绍和作者近照，护封后面有图书简介，更特别之处是有项目信息。例如"经典中国国际出版工程·China Classics International"的字样，还有出版社的中文名和网址，这在整本书的其他地方是找不到的。

现在虽然网络发达，检索容易，但是对于这种语言的介绍，估计也不好找。若干年以后，互联网换了一种形态，也许信息就没有了。

随着中国出版业日益发展，不少出版图书都用书腰，看上去像是简约版的护封，也起到与护封类似的作用。

中国图书进出口（集团）有限公司的林键先生，10多年前在国外访问的时候，就看到过有图书加工的设备可以把护封固定在封面上，但后来也没有再进一步探讨在国内实施的可能性。从我个人角度分析，虽然技术上可行，但是进出口公司要增加这个操作，内部流程不容易管理。

为了保留珍贵的信息，我按老一代图书馆员的做法，把勒口和后护封剪下，分别粘贴在封二和封三上。虽然破坏了原护封，但也尽量保存了原有的内容。不过，一般编目员不一定知道这个做法，即使知道也嫌麻烦。

所以说，护封和书腰的图书馆保护，还有一段路要走。

（2022 年 5 月 4 日）

图书残片

最近，我发现办公室的柜子里还藏有几张图书残片，好像是多年前清理库房时找到的。

因为只是书上掉下的几张纸片，也不知道到底是哪本书里的，所以如果我不收起来，估计就进垃圾桶了。

我见到当然不能丢弃，但要物归原主，还是有很大的难度。

根据纸片上的蛛丝马迹，我查到了几本候选图书，打算和同事一起进库房核对，希望能匹配上。半个月后入库，看到那些书还在 18 层的位置摆放，就是我 25 年前一个人在这里挑选的地方。两本书的残片，都已经匹配上，非常庆幸，也为我自己的检索能力感到高兴。暂时无法修补，于是我用专用的封套保护起来。

还有一张，实在无法判断。在馆内没有找到书名，在外国图书馆目录里也没有找到。疑似古迹影印本，而这或许是影印原书的题名。影印书的题名，可能换了一种拼写方式。在西文古籍里，不同的拼写方式，是经常可以见到的。例如，当时 u 都用 v 表示，w 用两个 v 表示，还有 ae 两个字母合并成一个字母等。所以，就凭两张纸，实在难以判断。

如果真是原书，而不是影印本，那就太珍贵了，上面标记显示可是 16 世纪的啊。

（2021 年 11 月 22 日）

迟到的编目学著作

这几天有机会阅读国家图书馆青年学者朱青青去年的著作《中文图书编目理论与实践》（知识产权出版社，2020 年 7 月），虽说迟到，但也不晚。

朱青青，80 后，不是我招聘来的，但也共事了多年，看着她成长起来。她现在已经是业内专家，进入人才梯队，我也感到非常高兴。

她写的专著，都是我熟悉领域里的事情。图书馆编目工作者，能耐住寂寞，坚持基础业务，又能有所思考，难能可贵。特别是，她能把国内外编目工作进展联系起来，还能思考采访与编目之间的密切联系，这样的论述不多见。按她自己的话说，"编目员不仅要埋头苦干，还需仰望星空，关注编目及图书馆发展的演变趋势"。

编目工作涉及内容、标准、格式、规范控制等，需要考虑的点比较多，不能过分重视哪个点或者轻视哪个点。

格式不是为了自娱自乐，规则也不是为了好玩。如果你对格式和规则倒背如流，却不知道为什么有这些格式，为什么有这些规则，而自己做的数据内容错误很多，那就是走偏了。

我个人认为，编目工作最重要的首先应该是内容，能把信息著录清楚了，能搞清楚作者和作品的关系，这是读者最需要的东西。

其次，需要有一个编目规则，统一标准。不仅单位内部要统一，行业内部、全国范围、全世界，都要统一，不然数据无法交流，别人也看不懂。我看到不少国内标准，号称遵从国际标准，实际上都坚持自己的特点，还是各自为政。

再次，机读格式，是现代编目人和机器对话的基础。有人喜欢细致，比较粗放。有一些代码，从设计开始就一直如此，也很少用，有时候也不一定是编目的重点。

最后，规范控制，也是内容的一个方面，虽然费时、费力、费脑，但是能体现编目人员的水平。

广义的编目，应该还包括分类和加工，它们相对独立，我就不多谈了。

现代技术的应用，使得图书馆内部不同部门之间的信息流动变得畅通，避免了重复，也促进了标准的统一。但是，出版社和书店、书店和图书馆之间的信息流动，还不够畅通。该书的作者考虑到了这些问题，也希望能有办法解决。不过，我工作了近20年，还是没有很好的办法，说明这是有难度的。

读了一本书，写了一些不仅是读书的体会，也算借题发挥吧。

（2021 年 9 月 3 日）

做宣言，啃骨头，学语言

最近一个月就忙《共产党宣言》的各种语言版本，为展览做准备。

有好几个问题的出现都在我的意料之外。第一是没有料到数量那么多，第二是没有料到有那么多语言的版本，第三是没有料到难度如此高。

语言是我从小的爱好，不然我也不会选择现在的工作，更不会坚持做这个工作。

一千多本书，近百种语言，大部分工作分给大家一起做，不过有一些硬骨头，还是我自己来啃。首先是考虑操作的便利性，其次是考虑到工作的效率。如果都分下去，逐个识别语言，也很费劲。要找懂语言的专家，或许成本很高，或许根本就不可能。有一些内容不区分语言，只有区分后才能分下去，而省下逐个打开分辨的时间，或许自己就完成了。于是，只能总结自己过去的经验，采用各种手段来分析、判断，总算解决了绝大多数的问题。

采用的方法，第一是依靠自己的语言功底；第二是到世界各国的图书馆网站浏览，了解情况；第三是请语言专家帮忙。因为时间关系，用前两种方法解决了大多数问题，最后一种方法，用于解决最疑难的问题，也就百分之一左右的问题。在我职业生涯的尾声，能做如此富有挑战性和有成就感的工作，也算为自己的工作生涯画上一个圆满的句号。

例如，亚美尼亚语图书，很难找到专家，我便在周末啃硬骨头，查到有关网站，解决了问题。其实我吃肉，也喜欢吃骨头边的，不喜欢大块的肉。

工作中，有一些心得，分享如下。

苏联出版了不少少数民族语言的版本，德意志民主共和国也出版了不少各国不同语言的翻印版。他们要当领头羊，不付出不行。于是，这些书都有俄语或者德语的出版说明，为我们提供了线索。

希伯来语，很少有人懂。我瞎蒙了一个，看字形不对，大概是不同的翻译措辞。还是找专业人员帮忙解决，国内估计会这语言的人也是个位数。

意第绪语使用希伯来字母表进行书写，罗马化后与德语接近。全中国也没有几个人会希伯来语，意第绪语估计没有人懂了。好在有一个意第绪语的网站，显示原文数据，我复制后完成了任务。我读过一些意第绪语文学的中文译本，特别是读过几本艾萨克·巴什维斯·辛格（Isaac Bashevis Singer）的小说，估计大多数都译自英文。还有肖洛姆·阿莱汉姆（Sholem Aleichem）的作品，上海翻译家姚以恩送了我几本从俄语翻译过来的。所以，我对这种语言和文化印象深刻。

德意志民主共和国出版的土耳其语版，基于保加利亚出版的版本，也不说是什么语言的，我都搞糊涂了。保加利亚也有土耳其族。这说明，世界语言具有多样性，而且当年一些带头大哥，触角确实很长。

一本书，不写是哪里出版的，挪威语和丹麦语的书名也一样，到底是哪种语言？碰巧我找到了丹麦语的电子版，核对了原文，确认是丹麦语。这两个国家我都去过，当时好像找到了两种语言的区别，现在忘记了。区分这些语言，就如区分方言似的，我们根本找不到北。就好比外国人看中国人和日本人的脸型，大多数都分不清的。

阿姆哈拉语，是埃塞俄比亚用的语言，懂的人没有几个。好在我一个同事会阿拉伯语，也能简单看懂，就用上了。真不容易！从外交人士那里了解到，北外刚开设阿姆哈拉语专业，也是交朋友的需要。这种语言没有现成的教材可参考，教学都需要创新。

一天早晨把格鲁吉亚语搞定了，之前竟然有人认为是希腊语。我虽然不认识希腊语，但很熟悉希腊字母，能分辨，能通过图书馆目录检索。格鲁吉亚葡萄酒在我们这里销路不错，经常见这种特殊的字母，于是也能辨认。

斯瓦希里语，国内会的人也极少，却是非洲使用人口最多的语言。我年轻的时候，相声演员里有学斯瓦希里语的，同龄人都知道。现在，看过《狮子王》的，应该知道里面的"Hakuna Matata"。虽然不懂这语言，用键盘敲出来却不费力：Maelezo ya chama cha kikomunist。

古吉拉特语，印度和巴基斯坦使用的一种语言。国内未必有人懂。一个会印地语的同事，找到了两种语言的共同点，啃下了硬骨头。可谓养兵千日，用兵一时。印度使用的马拉雅拉姆语，也是第一次听说。

一天，我用中午时间，反复尝试，"破译"了亚美尼亚语，看上去真是天书啊！

僧伽罗语，开始都不知道是什么语言，费了半个小时才搞明白。这是斯里兰卡主体民族僧伽罗族的语言。

这次有机会在西班牙国家图书馆查了不少西班牙语书，发现他们和我们一样，重印或者再版都不换 ISBN，这种情况在英美不多见。土耳其出版的图书，也有类似情况。Castellano（卡斯蒂利亚语）是西班牙的普通话，实际上就是西班牙语，差一点画蛇添足。就像"普通话"就是"汉语"，而不是另一种语言。

各国边境附近的语言，不好弄。奥克语，很小的一个语种，法国收藏，西班牙也收藏，差一点被误导为加泰罗尼亚语。

刚了解到，库尔德语有用阿拉伯字母拼写的，也有用拉丁字母拼写的。这说明，语言这东西，不实践就不会记住。

康沃尔语属于凯尔特语族中包括威尔士语、布列塔尼语、已灭亡的坎伯兰语及假定曾存在的伊佛尼克语的布立吞亚支。我们外行人感觉它和爱尔兰语有点像，古怪得很。

索布语，也是第一次听说的语言，看上去像波兰语，其实是德国境内一个少数民族用的语言。

Коммунист партияны Манифести 是库梅克语，之前不懂，以为是印古什语，这两种语言都没有听说过，看上去和俄语（Манифест Коммунистической партии）差不多，就是词尾变化不同，还有单词顺序（名词和形容词的用法）不太一样。

塔吉克语用基里尔字母拼写，但是内容根本看不懂："Пролетарои амаи мамлакато, як шавед！"首都旧名斯大林纳巴德（Сталинобод），一时也没有查到。俄语的彼得堡口音，о 都念 а，怎么塔吉克语也如此啊！我一下子回想起初中老师和高中老师的不同念法了。高中老师纠正我的发音，还特别强调 а，我觉得很委屈，不能算错啊！

　　最近我在微博输入不少稀有文字，看上去都能正确显示，感觉比 10 年前强多了。现在，微博平台对语言的兼容性还是不错的。或许，微博里从来没有人用过那么多不同语言的文字。博客平台不注重维护，连西语重音字符都不能正确显示，估计他们懒得升级。

（2021 年 5 月 2 日）

2020 图书馆采访之变与应变——关于图书采访工作的几点思考

突如其来的疫情，改变了我们生活和工作的很多方面，而且也许以后这些改变将不可逆。

记得在疫情最严重的时候，还有同事主动来上班，安排图书接收、登记、支付、发订等工作。大家知道，一下子耽误半年多的工作，如果不及时处理，或许会影响今后若干年。例如，如果不及时验收，经费支付不出去，第二年的经费就会受影响；如果不及时发订，第二年就不能及时到书。疫情无情人有情，我们很庆幸有一个有责任、敢担当、愿奉献的团队，把疫情的影响降到最低。

疫情对人际交往的影响也很大，因为要减少人际接触，保持社交距离，于是也只能取消各种会议、展览等活动。其实这也反过来让我们反思，到底我们平时的人际交往有多少是必须的？

每次参加大型展览，都觉得是财力、物力、资源的巨大浪费。耗时几天的展览，光展台部分就耗资数十万，而且展览上的好多建材在展览结束后就都被丢弃了。现在大家借助视频会议和在线展览，在网络上展示图书信息，不也能起到同样的效果吗？尝到甜头以后，还会回到传统的方式去吗？也许今后就成为常态了。当然，必要的面对面沟通，还是有意义的。我们可以重新设计会议和展览的形式，将人力、物力、时间成本控制在最低。

图书馆的采编工作，因为不与读者接触，以完成任务为主要目标，所以本来可以弹性管理，或者远程进行。20多年前，我们参考澳大利亚的经验，尝试弹性工时，取得了一定的效果。但因为考核困难，后来为了统一管理，就没有再坚持下去。疫情逼迫我们再次考虑这个问题，并在不知不觉中又开始了弹性工时，甚至有同事为了避开高峰时间，周末来上班，起到了很好的效果。

居家办公期间，我们住图书馆宿舍的有优势，可以利用图书馆局域网进行编目工作，或者修改数据错误。在这几个月，我修改了一万多条数据，感觉也没有耽误工作。但是不住图书馆宿舍的，就必须用 VPN 技术才能正常工作，而 VPN 账户有数量限制，并且速度不够，不能大规模应用，所以居家办公的效果也大打折扣。我们是否能考虑进一步改善网络环境，为以后居家办公创造条件呢？

保持社交距离，对书商也是一个考验。这几十年来，书商都在发展信息系统，但是不同书商的发展速度不同，有的还没有实现网络互联互通。在居家办公期间，采访工作人员可以利用先进的在线目录系统选书订购、查重，提高了效率。疫情过后，大家是否能思考一下这个过程，对信息化工作加大投入呢？

网络书店的兴起，使读者购买更便利，但一些稀缺的书，还是存在读者想找的找不到，出版社或书店想卖的卖不出去的问题。我30年前就在媒体上呼吁打造自己的在版书目（可供书目），中国出版集团、当当书店、人天书店等先后尝试了可供书目，未来尚需形成规模。疫情以后，我们应该进一步打通信息化渠道，连通出版社和书店的库存，真正实现物尽其用，实现图书馆学者阮冈纳赞的"为人找书、为书找人"的理想。

此外，疫情防控期间，各个图书馆、展览馆、博物馆都提倡预约制，作为采编工作人员，也应该考虑预约制给采编工作带来的影响，提前做好准备。

（原载：《中国出版传媒商报》2020年9月8日第3版，有改动）

第四部分

那些书店与图书馆

我与启真

　　启真馆 15 周年纪念，大家都在想新的创意。好友安建达制作了全世界独一无二的铜雕藏书票，我也见证了设计过程。

　　认识王志毅，最早读的是他 2015 年出版的《文化生意：印刷与出版史札记》一书。虽然不太熟悉，但经常听俞晓群先生夸他有才，而书里所论述的观点，也比较有特点。

　　我是在 2020 年 1 月获得的两枚藏书票。启真馆文创〇一号，是藏书票与编辑系列，用了《牛津英语大词典》的奠基者詹姆斯·莫里的"知识的积累必须靠理解力来完成"。牛津大词典我熟悉，那句话我很赞同，当然藏书票我也喜欢。启真馆文创〇二号，是《加缪手记》纪念藏书票，"历史，想起来很简单，对那些亲身经受过的人来说却很难看清"。我年轻的时候读过加缪的书，但读的不太多。这次读《加缪手记》，有新的体会，特别是藏书票上的这句话，符合我现在的心情。

我很希望能穿越到未来，回头看我们现在。

2021 年 12 月初制作的启真馆文创〇三号，是《拉封丹寓言》《浮士德》《恶之花》出版纪念，也很独特。安建达的最新藏书票，我很期待，其具有的创新和特色，可算全世界第一。我之前就有一个，与现在的这几个相比，感觉现在最新创作的更出彩，更有文化内涵，能为活动增色。

王志毅曾经向我约稿翻译《贝多芬传》一书，我因为工作忙，没有如愿。不过，我后来读了译文，非常喜欢，还与同事分享。贝多芬随手写了几首短小的卡农曲，歌词都是"Ars longa, vita brevis"，我觉得"人生朝露，艺业千秋"这个翻译最能表达我的感受。在大师诞辰 250 周年之际，我写了书评《启真荐书 26 | 一堂生动的音乐史和音乐知识普及课》（2020 年 5 月 8 日），包括对 10 本音乐图书的介绍，我回头看这篇命题作文，对它也比较满意。

后来，我经常与王志毅见面，了解加深。但是对其性格，有点捉摸不透。读了他去年写的关于长跑的书《荒野无痕：跑步与存在》，发现他与我有不少共同点，例如都爱好运动，都曾经体弱，都比较喜欢安静，还有一点，就是都想在自己涉足的领域留下痕迹。这几年，总能收到他的书，特别是大部头的书，都属于我过去喜欢的那种学术类型。出版这样的书，作者和译者都辛苦，出版社也不挣钱。这需要情怀，需要视野，启真馆做到了。

启真馆公司名来源于浙大校歌"昔言求是，实启尔求真"，其实直接理解"启真"二字，也许可以将之解读为"启蒙"和"真理"，这是我们这个时代所需要的。任继愈先生说过，我们做不了伟人，我们只是为今后做准备而已。我理解，就如文艺复兴之前的中世纪，不完全是黑暗的，那么多学者的努力，为复兴做了准备。

与朋友聊天，都说启真馆最近创出了品牌。出版界长盛不衰的出版社不多，大多数因为形势、政策、人事等产生变化，各领风骚 10 多年。希望启真馆能坚守阵地，为文化的繁荣做出自己的贡献。

（2022 年 7 月 16 日）

丹麦图书馆学院鼠标垫和其他故事

1997 年，我访问丹麦的一个小镇奥尔堡的丹麦图书馆学院（Danmarks Biblioteksskole），获得一个鼠标垫，留作纪念。

那时候鼠标才刚出现，鼠标垫更是新鲜玩意儿。

这个鼠标垫，下层是海绵，上层是透气的纤维。表面设计简约，而不失特色。

我用过很多鼠标垫，还没有比这个更舒服的，总有手心出汗、桌面打滑、光感不强等问题。可惜这个鼠标垫海绵老化、掉渣，不能再用了。

这个图书馆学院，当时就有人说可能会合并到大学里去。现在查了网站，发现它已经属于图书馆协会，估计学院也不复存在。

旧物貌似毫无价值，却能勾起记忆。

离开奥尔堡,我就去哥本哈根参加国际图联(IFLA)大会。这也是我第一次正式参加国际图联大会,因为1996年在北京开会的时候我主要负责简报,根本没有机会参加到会议中去。那年,中国图书馆代表团团长是杜克先生,国家图书馆外事处处长孙利平女士负责对外联系。

那次会议期间,有三件事情值得回忆。

第一件事情是,我乘坐国际航班先到哥本哈根,转当地的国内航班去小镇,没想到坐的是十几个人的小飞机,真是难得的体验,后来再也没有遇到过类似情况。1995年,我乘坐澳大利亚航空公司的航班,从悉尼到堪培拉,也是小飞机,螺旋桨驱动,地面上的活动都能看清楚。

第二件事情是,杜克先生开会期间突然失忆,不知道自己是谁,身在何方。幸亏孙处长陪同在旁,才没有发生意外。杜克先生看上去红光满面,其实身体还是有问题。他退休后没几年,就离开了我们。

第三件事情是,中国代表团临时动议,要将中文作为国际图联大会的工作语言。一起参加会议的中国人里,就我打字速度比较快,还会电脑。于是,我们马上找了一台公用的电脑,打印了我们的动议。我把打印的文字保存在三英寸软磁盘里,但是后来都找不到了。即使找到,也没有读取的设备。

遗憾的是，那个动议没有得到好的结果。过了 10 年，中文终于成为工作语言，也是我和年轻同事们一起去开局，颇有历史感。

（2020 年 3 月 13 日）

图书馆也是知名企业的孵化基地

昨天早晨一打开电脑，就是当当网老板的自述，一时成为新闻热点。于是，我想起了过去的一些事情。

当当网起家就在我们院子里，位于现在音乐厅旁边的展览厅楼下的排练室。那是全民创收的年代，图书馆出租房屋发奖金。公司开始叫"科文公司"，还用了我曾经提倡的"中国可供书目"的概念（《中国应有自己的在版书目——中西比较与设想》，《中国出版》杂志，1991 年第 9 期）。"中国可供书目"是另外一个话题，后来由陈源蒸先生推动，在新华书店总店、人天书店等机构尝试，但也一直没有达到理想的效果。

我的老同事魏文峰在科文工作过一段时间，咨询过我几次。另一个老同事王曦，一开始在图书馆南门内的紫竹厅摆书摊，捞了第一桶金，后来也去当当网做管理工作。

当当网在图书馆办公的时候，收发室不懂英文，把国外出版社的来信都给我。我挑出 Peggy Yu Yu 的信送回去，才知道有俞渝这个人，也慢慢了解了这个公司。

李国庆这个名字很有意思，我认识的另两位同名人物是图书馆员，一位是天津图书馆古籍专家，和我朝夕相处过一段时间。另一位在美国俄亥俄大学图书馆任职，也翻译了一些小说，我们认识有20多年。他翻译的《北堂图书馆藏西文善本目录》前言《北堂书史略》（国家图书馆出版社，2009年），非常出色。

无独有偶，人天书店创始之初，就在国家图书馆社区1号楼地下室。邹进在《解读人天档案》（社会科学文献出版社，2017年）里，还收入了一篇《致国图社区住户》：

亲爱的国图社区住户：

今天，人天书店全体员工向你们道别。

2001年6月，人天书店进驻国图社区，与你们朝夕相处。……

送一本书留作纪念，也是我们对你们的真心祝愿，让我们一起踏上这趟健康快车。

……

2004年7月27日

文献是创新的来源之一，而图书出版本身的发展，也是这个信息时代的体现。从出版媒介到发行形式，图书出版有了翻天覆地的变化，这在 30 年前是无法想象的。

图书馆本来可以孵化出更多的企业，因为各种管理上的因素，起个大早赶个晚集的事情，就不在少数。有同事说，中国知网（CNKI）的事情应该由图书馆来做，这一想法当时也是由图书馆员率先提出的。这件事情无法考证，历史也不可能回头重来，权当茶余饭后的谈资罢了。

（2019 年 10 月 25 日）

国际图书博览会随感

不知道 8 月底有啥好的，为什么那么多会议都扎堆呢？上海书展、国际图书博览会、中国图书馆年会、世界图书馆和信息大会……我是不可能都参加了。换作 10 年前，我还有精力到处奔波。在 Windows 操作系统问世之前，我的大脑就用了分时多任务处理的机制，所以做了很多事情。现在 Windows 那么发达，我的脑子不够用了，还是简单一些更好！

博览会就在我家门口，如果没有会议，我就一定要去看看。

今年的中国图书馆馆长与国际出版社高层对话论坛，是第一次转到展览现场举办。缺点是规格降低，优点是体现了节约的原则，也更为亲民，切合开放获取的主题。参观展览的普通馆员，也可以参加。

开放获取与知识服务，这不是新话题。我比较关注中国科学院张智雄博士的报告，他重点说的是关于预印本的设想和对科研未来的影响。因为下午有其他会议要赶回去，我没有时间坚持听完所有报告。于是，就走马观花，看了展台。

今年，八个展馆都很满，而且也体现了多样性。国内展台大而豪华，一般都是几十万元的价格，而国外的展台，大多数是中小型的，小的也就几万元。相比而言，大展台应该更划得来。

除了图书，还有关于文创、木工体验、绘本、冬奥会主题（不是图书，而是模拟运动器械）、黑胶唱片的展台。韩国的文创展台，还有 Costume Play，有文化渗透的感觉。

有一个小展台上的图书徽章和冰箱贴非常别致，30 元一枚，我买了送朋友。

很想买一些小语种图书，问了几家东欧的参展商，都不卖，也没有目录，感觉有点扫兴。每年都如此，也很无奈。

中华图书特殊贡献奖的获奖图书，我都查了一下，不少缺藏，但是要订购也很困难。去年就问过，今年还是这个情况。有一些出版社是新成立的，有资助就能运作，但是销售起来有难度。

在我刚要离开的时候，听到一阵热闹的声音，回去一看，是斯洛伐克展台，有两个艺术家在唱歌（手风琴伴奏）。女艺术家赠送的明信片上，有名有姓（Vlasta Mudríková），还有网址，可惜网址无效。

看到八角街道的参观团，好像过去没有见过。是会务刻意安排的吗？

几个大出版社的展台，都是熟人。有一些太热情，可我实在没有时间了。

（2019 年 8 月 23 日）

偶遇豆瓣书店

去见朋友，路过此地，偶遇成府路上的豆瓣书店。

之前听说过，小小的网红店，让人一看就想进去。

店面倒是不大，几十平方米。布置看似很随意，但也用了心。

店员都很年轻，打扮素雅，举止腼腆，看上去像是学生。她们自己却说，不是学生。

我问了几句，他们说这里主要是文史哲的图书，有的打6折。

一个"关于书的书"专栏，吸引了我的眼球。里面有吴兴文《我的藏书票世界》、叶德辉《书林清话》、范用《相约在书店》、范用《买书琐记》、邝颖萱《读书很好》、伊林《书的故事》、劳伦斯《书之孽》、钟芳玲《书天堂》等。

书店的位置离清华大学不远，不愁客源，这大概就是它能生存下去的原因。

　　赴约时间仓促，不能久留，上述所谈就是一个粗浅的印象。

（2019 年 8 月 12 日）

朝阳区图书馆

紧邻人民日报社的朝阳区图书馆，是我意外的发现。

该馆历史可以追溯至 1913 年京师学务局在朝阳门外所设立的"劝学所"。2013 年 12 月 26 日，这个新馆正式开放。

图书馆的外观不太引人注目，但是墙外的空调室外机却有点扎眼。

一层被划分成几个比较小的空间，包括大厅、休闲阅读区、书库和老人阅览室。一层的布局，特别适合普通大众，各种样式的座椅，让人以舒服的姿势享受阅读。

二层主要是大空间，是借阅一休服务区。其中围绕一层大厅挑高空间的高脚凳阅读区，比较吸引眼球。其余部分，适合学生自习。

再往上，就是办公区域，不知道为什么图书馆的服务空间比例那么低。

书店门口有自助借书区，还有朝阳区基层图书馆的分布图，这些图书馆星罗棋布，令我感到意外。

（2019 年 6 月 1 日）

人民日报社图书馆

人民日报社图书馆，位于朝阳区金台西路 2 号人民日报社大院内。不去不知道，一去吓一跳。那是体现了现代设计思维的全新图书馆。

大楼建筑面积 1 万多平方米，图书馆面积约 5600 平方米。2017 年开始装修，2018 年报社成立 70 周年之际完成。

听工作人员说，这个地方原来是印刷厂的厂房，改造后成为现在这个样子。

在大楼改造完成前，图书馆一直没有固定场地，不能开展服务。

红色的外墙，就显示出其不凡的气质。

一层是历史陈列馆，二层是图书馆的新书阅览区，三层是开架书库。

其中，二层有很宽敞的空间，是绝佳的休闲场所。

三层是复式结构，有金属架支撑。图书馆中的家具设计很精细，连书架两边的分类索引牌，都可以作为图片（例如藏书票）展板。还有两个大台阶，可以用来举办新书发布仪式、小型讲座、影片放映等多种活动。

　　图书馆于工作日开放，"朝九晚五"，面向内部员工。可惜这只是报社内部的图书馆，不然也会成为网红地。

（2019 年 5 月 31 日）

广州访书记

到一个城市，必须看这个城市的文化名片。

路过广州，也就待了半天时间。图书馆和书店，与我的工作和生活有密切的联系，都是必须去的地方。

之前去过广东省立中山图书馆，这次广州行的第一站就去那里。听当地人说，那一带小吃云集。于是，我在文明路下车，在图书馆旁边吃了肠粉，权当早餐。小吃很美味，但看上去不太卫生，不过我也不能过于挑剔。图书馆9点开门。很多学生都在排队，我没有时间等，在外看了读报栏，看到还是有那么多人在阅读传统报纸，一个工作人员在上新报。前面的老楼我去过几次，后面的新楼没有去过。看到排队那么长，我怕等候太久，也不想打扰领导们，就匆匆离开，新楼还是没有进去。

到中山四路北侧的北京路上，路过新华书店北京路二店和科技书店，这两家都没有开门。我想去的博尔赫斯书店，在附近的昌兴街 7 号，要到 11 点才开门。于是，我穿过北京路步行街，看到经过的新华书店北京路一店已经开张。各地新华书店的经营差不多是一样的模式，店面左右两边摆放各种货物，中间部分才是图书。一层是社科、外语、计算机、旅游地图、生活、收藏读物区和初中高中教辅读物区；二层是体育运动、中外文学、儿童文学、摄影美术、书法字帖绘画、工具书、小学教辅、素质教育、科普读物区；三层是课本、幼儿启蒙、音乐读物、漫画读物区以及琴行、音乐培训区、智力玩具区等。

到了小吃一条街——惠福东路，在刘家巷内，有一家旧书店，很不正规，但能看出老板的品位和追求。门口所贴《广州日报》2011 年 9 月 5 日 B5 版的整版采访报道《收入只够两餐，却要做老字号》，使我了解这个书店的历史。其实这里就是住宅区，随处可见晾晒着的衣服和健身器材，也是一景。我在一个凳子上坐了一会儿，想等 10 点开门，可是里面出来了一个大妈，不知是女主人还是打工者。她锁上了门，说今天 11 点以后才能开门，她口音重，嗓音轻，我听不清楚。我只好告辞。

一连吃了几个闭门羹，看来我的作息时间太早，广东人都还没有起床呢。

然后我就去中信广场。里面的凡向书店，是商场底层大厅里一个小书店，面向普通的顾客，也提供一些纪念品。虽然书店装修不俗，但是规模不大，也不可能有特色，不过一个爬高的楼梯吸引眼球，就是欧式传统书店和图书馆的样子。

半天下来没有什么收获，时间也不够用。想去找吃的，突然看到凡向书店旁边有一个"后街"的招牌，很别致，不知道是什么地方。我好奇地走了进去，发现是一条美食街，曲里拐弯的，走到底，竟然是1200Bookshop书店。之前我去过这家店的天河北店，这里还有一家，是全广州六家连锁店之一。书店直通后街的西出口，它还有一个后门逃生通道，加上正门共有三个出口，地理位置非常不错。

我去的时候是上午10点多，有不少人，大多数是读书的学生。令我吃惊的是，这里差不多有10间读书室，每间都有名称，并设有床铺，可以过夜，收费70元。我考虑如果以后还来广州，可以不住宾馆，就住这里，体验读书的乐趣。这里唯一的缺点是，虽然有单独的隔间，还有门，但是上面的空间不密闭。如果外面有声音，里面会受到干扰。如果晚间没有商店装修，这里倒还是不错的地方。我去的时候，时而传来电钻的声音，感觉不太好。

一个上午，看了这一个书店，也算没有白跑。

（2019年5月1日）

关于出版之未来的笔记

出版的未来到底是什么？

有人认为，印本图书将最终消亡，电子图书将取而代之，但是议论了 10 多年，貌似印本图书没有消亡的迹象，还在增加。

也有人认为，纸张是最好的媒介，会永远存在下去。

印本图书有不少好处，也有缺点；电子图书自然有其明显的优势，也难免有不足。

不少图书馆的新技术体验区用了虚拟现实（VR），实际上和图书馆一点关系都没有，也不知道馆长是如何考虑的。

施普林格（Springer）出版社正在用虚拟现实技术测试人类阅读的空间记忆功能。不是说以后用虚拟现实阅读，而是用虚拟现实测试是否能通过空间的显示来提高阅读效率，这也是应对数字阅读的一种科学态度。

人类大众性的阅读历史有 1000 年左右，但人类大脑实际上没有准备好进行阅读。人类的记忆不仅是文字记忆，还有肌肉和空间等记忆。人类具有肌肉记忆这一说法，在音乐和美术等艺术领域，已经被广泛接受。但是在阅读领域，我们需要考虑的问题还有很多。

大家都说纸本阅读有好处，但是其本质是什么？经过科学实验，施普林格出版社的研发人员认为，其本质是空间记忆。既然如此，我们可以采用虚拟现实技术，让电子书表现出与印本图书类似的空间位置，用电子方式测试印本图书的好处。虚拟现实只是一种实验手段，未来的电子书，不一定就是虚拟现实，也可能采取房间四周都是屏幕的那种阅读方式，或者是与目前纸张媒介一样的电子书。

纸本阅读是必然的吗？在人类文明的漫长历史中，纸张是一个伟大的发明，但并不能说是永远的媒介。今后，肯定会有更好的媒介取代纸张，甚至这种媒介也会有电子书的优点。我们想象一下，如果未来的纸张有电子书的功能，不就两全其美了吗？这不是空想，而完全是有可能的。只是那天还没有到来，或者说商业化还没有到这个程度。

中文自动翻译是一个很难的课题。不过，在欧洲，各种语言之间的人工智能翻译，好像已经非常成熟了。欧洲各国文化相似，语言相似。

现在大家都时髦，用二维码，没有人认真思考一下，图书等物品印上二维码是否影响美观？施普林格出版社采用逆向思维，不使用任何码，而是直接扫描图书封面，或者有关视频的截屏，就能自动识别出该图书并跳转到有关网页。

科学要有根据，不能凭感觉说话。我们期待有更多的科学实验，解开出版未来之谜。

（2018 年 10 月 3 日）

上海书展开幕，《书蠹精语》新书出版

上海书展开幕。

我没有机会去参加，但却得到好消息：本人的第三本随笔集出版了！

感谢出版社梅社长和各位编辑，还有徐雁教授！他们把我的书纳入了《全民阅读书香文丛》。

这次照例有插图，不过换了风格，是铜雕艺术家安建达的"歪画"，与读书有关。一个学中文、做铜雕的艺术家，给一个学理工、做图书的人写的文集配图，感觉还是有点般配的。看上去都"不务正业"，其实却都是日积月累的结果。我写文章，不是特意为了出书，而是有心得就随时记录，发在博客里，不管是否有人看。有出版社要出书，就整理出来。大帅（安建达的绰号）的"歪画"，也是多年前我们之间"娱乐"的结果，没想到会成为我新书的插图。如果不是平时用心，无论是文字还是插图，都不可能在短时间内完成。

全根先老师是我的"御用"序言作者，我的三本书都让他写序。他文采斐然，序言超过了书本身的文采，给书增色不少。不过全文要等正式发表后才能分享，请大家少安毋躁。

《书蠹精语》，这个书名有点意思吧？出版社约稿的时候已经指定了书名，取自我的博客名，经过我的许可，并且此书名也与丛书里其他书名的风格一致。

为什么上海书展的日期离北京国际图书博览会的日期那么近？看上去有竞争的架势。不过上海的风格向来是比较前卫而务实的，而北京则是追求规模和效果。

新书星期一刚入库，赶上了昨天的书展开幕。小王编辑未曾谋面，是个有心人。每一个细节问题，她都能理解，并及时解决，不用我废话。书上了展台，还给我拍照，这是我从来没有享受过的待遇。样书本周就能收到，再等两天。批量的图书，需要再等一阵了。

下周北京书展，是我需要忙乎的事情。与工作相关，与个人爱好无关。不过，也希望能在北京的展台上，看到自己的新书。

（2018 年 8 月 16 日）

SKP RENDEZ-VOUS 书店的浪漫之旅

SKP RENDEZ-VOUS，是一个带有浪漫之都风格的名字，我前后左右打量，没有找到中文名字。

SKP 是商场的名字，"RENDEZ-VOUS，法语中意为约会，极具浪漫主义和美学寓意，SKP RENDEZ-VOUS 为热爱生活的人，提供一个文化商业跨界，艺术时尚再造的全新都市生活混合空间"。

这个高档商场里的新书店，许老板去年就提到过。昨天顺道，我特意过来长见识，可惜没有遇到老板。

这是一个白领聚会的场所，书店、咖啡馆、酒吧、文创……多个区域联通，却归不同人管理。书可以到处摆放，那么不同管理下的员工如何协调？这是我想到的问题。

图书涉及领域很多，有艺术、旅游、美食等各个方面，甚至还有各国梦幻图书馆和理想书店的内容，更没想到会有商务印书馆学术名著！

经过一本差不多是对开的大书，在我准备翻阅时，服务员抢先过来，说这书是限量版画册，希望我戴手套，我只好遵命。不过等我参观了其他部分以后折返过来，看到其他人也在翻阅，而此时就没有人管了。

我在一个文创产品区域驻足片刻，服务员就主动给我介绍了一款旅行充电包，包括各种充电器、充电宝、插头等，最突出的是用上等牛皮做的外套，价格1000多元。

当中有一个小小的少儿图书区域，听工作人员说本应该选一个更好的位置以吸引儿童和家长，但是商场老板不同意，要保证这里宁静的氛围，让这里的商务会谈、闺蜜私聊、个人阅读变得更像是一种享受，以后会在楼上儿童区域再开一个书店。不过这个少儿区域虽然小，销量却很可观。

接近晚餐时间，人流不大，店里放着柔和的爵士乐，座位上有三三两两的读者，还有一些坐在沙发上讨论工作的人。

书店总体包括新概念书店、生活好物、醇厚时光、RDV餐厅、酒与奶酪五个部分，新概念书店的理念是"用书籍搭建人与先锋的文化相遇，与有趣的潮流设计相遇，与曼妙的美学生活相遇"。

（2018年6月30日）

伦敦偶遇福依尔书店

朱自清在《三家书店》（载自《百花散文书系·现代部分——朱自清散文选集》，百花文艺出版社，2009年）里写道：

伦敦卖旧书的铺子，集中在切林克拉斯路（Charing Cross Road）；那是热闹地方，顶容易找。路不宽，也不长，只这么弯弯的一段儿；两旁不短的是书，玻璃窗里齐整整排着的，门口摊儿上乱烘烘摆着的，都有。加上那徘徊在窗前的，围绕着摊儿的，看书的人，到处显得拥拥挤挤，看过去路便更窄了。摊儿上看最痛快，随你翻，用不着"劳驾""多谢"；可是让风吹日晒的到底没什么好书，要看好的还得进铺子去。进去了有时也可随便看，随便翻，但用得着"劳驾""多谢"的时候也有；不过爱买不买，决不至于遭白眼。说是旧书，新书可也有的是；只是来者多数为的旧书罢了。

最大的一家要算福也尔（Foyle），在路西；新旧大楼隔着一道小街相对着，共占七号门牌，都是四层，旧大楼还带地下室——可并不是地窖子。店里按着书的性质分二十五部；地下室里满是旧文学书。这爿店二十八年前本是一家小铺子，只用了一个店员；现在店员差不多到了二百人，藏书到了二百万种，伦敦的《晨报》称为"世界最大的新旧书店"。两边店门口也摆着书摊儿，可是比别家的大。我的一本袖珍《欧洲指南》，就在这儿从那穿了满染着书尘的工作衣的店员手里，用半价买到的。在摊儿上翻书的时候，往往看不见店员的影子；等到选好了书四面找他，他却从不知哪一个角落里钻出来了。但最值得流连的还是那间地下室；那儿有好多排书架子，地上还东一堆西一堆的。乍进去，好象掉在书海里；慢慢地才找出道儿来。屋里不够亮，土又多，离窗户远些的地方，白日也得开灯。可是看得自在；他们是早七点到晚九点，你待个几点钟不在乎，一天去几趟也不在乎。只有一件，不可着急。你得象逛庙会逛小市那样，一半玩儿，一半当真，翻翻看看，看看翻翻；也许好几回碰不见一本合意的书，也许霎时间到手了不止一本。

去伦敦，有机会走了几家书店。本来我就想去查令十字路那里找大书店，那里就是朱自清所说的"切林克拉斯路"。因为有其他事情，所以我就在丹麦街周围转悠，没有想到向西走到底，往南一拐弯，却是福依尔书店。真是踏破铁鞋无觅处，得来全不费工夫。说是在查令十字路上，却离查令十字有很长一段距离。我对伦敦的道路不熟悉，几次步行都迷路，以为查令十字路就在离查令十字很近的那个区域呢。

福依尔（Foyles）书店，在朱自清笔下是"福也尔"，也有翻译成"福伊尔"或"福耶尔"等的。我倒是最喜欢"福依尔"这个名字，大家仔细琢磨一下就会明白。这书店在伦敦有几家分号，查令十字路的那家可以说是旗舰店，好比我们的王府井新华书店。

福依尔书店是一栋独立的建筑，百年老店，据说是伦敦最大的书店，看上去有王府井新华书店那么大，但是没有其他经营，主要做图书。书店各个角落都是书，有敞开的大间，有僻静的角落，到处都是读书人的身影。每一处设计，都令人感觉温馨与美好。

我特意走到乐谱专架区，那里用特殊的柜子，分门别类地摆放乐谱。我很快就找到了需要的那类，碰巧一个患有残疾的黑人妇女在我到达的那个区域。我紧挨着她，她开始警觉地收起自己的手包。我没有时间等她离开，只好挤着挨个阅读，有时候我哼出声音，她竟然也搭话。残疾人不方便拿取抽屉里的书籍，工作人员在旁边等候，随时准备帮忙。乐谱是小众出版物，出版和发行都很特殊，管理起来也麻烦。这是我见到的乐谱销售规模最大的书店了。

走出店门，回头一看，橱窗里陈列了 2018 年妇女奖小说（Women's Prize for Fiction 2018）得奖作品，吸引眼球。时间关系，不能久留，匆匆 15 分钟，也算到此一游。

（2018 年 6 月 23 日）

上海工商外国语学院图书馆

上海工商外国语学院，是我一直想去的地方。只是因为太远，从上海市内过去很不方便，于是就拖到最近才去。

因为要去浦东出差，就特意在北京乘坐到浦东机场的飞机。从浦东机场到学院虽说不那么远，也还是有一段路程。

图书馆的设计很前卫，2005 年建设的馆舍，顶层就有玻璃栈道。

门口的咖啡馆，设计别致，吸引了不少学生。价格只是外面咖啡馆的一半，是很好的休闲阅读场所。

咖啡馆内有图书漂流专架，甚至还有馆长亲自签名的图书，可见馆长颇费心思。

图书馆大厅，有各种语言的字母，这是我喜欢的设计，也体现了学校的特色。仔细一看，有一个不认识的字母，或许是设计错了，或许是不在我的知识范围内。

在一楼，有几处与翻译大师傅雷有关的地方。

一处是图书馆内的傅雷译著研讨室，应该是全图书馆设计最精致、最有人气的地方，可谓特色。

另一处是傅雷生平陈列馆，在图书馆楼内，可从侧门进入，目前归图书馆管理。

在一个以外语为特色的学校里，做翻译大师的展览，再恰当不过了，更何况大师在学校附近的南汇县（2001年改为南汇区，2009年并入浦东新区）出生，因此该展览就更具有特殊的意义。参观展览，往事不堪回首，却是去"崇山峻岭"顶礼膜拜的机会。

在展览的最后，是与大师手稿相关的内容，同时我也看到不少业界熟悉的面孔。

（2018年6月15日）

上图书店初探

我之前提到过几次，季风书园终于关门。

经过一段时间的装修，上图书店在原地开张了。

上图书店不是新的书店，之前在图书馆里已经有门面，现在开到外面，就在地铁口。

招牌还没有到位，我拍摄到的只是临时招牌。主人说，这个不要拍，不正规的。

目前看到的有不少进口艺术类图书，包括塞尚、莫奈、德加、高更等法国印象派名作，还有一些特种装帧的少儿图书。西侧有一片场地，摆放着紫砂壶、书法、绘画等艺术品，算是展览，也可以销售，而且不少已经标记为"已售"。在这个区域，有几个女读者正在安静地阅读，很美好的画面。只要稍微移动一下家具，这里就可以作为讲座或者沙龙的场地。

东侧的场地，保留了原有书店的弧形隔断，可以陈列图书，也可以作为咖啡区的界线。

其实，这里本来就是上海图书馆的地盘。现在由图书馆自己利用，与采编、员工餐厅、读者餐厅一起规划，也是一种新的尝试。

我去得有点早，希望下次去能看到完整的布局。我觉得，应该是美景、美味、美图、美文、美色兼而有之。

在大家都在探讨书店和图书馆未来的今天，两者的结合顺理成章。只要不用考虑成本，有谁能竞争得过呢？

（2018 年 6 月 12 日）

伦敦的水石书店

读过杨小洲的《伦敦的书店》，就对那里的书店产生了特别的好奇感。尤其是全书正文部分最后引用了爱德华·纽顿的话："虽然每个人的藏书生涯未必都从伦敦起步，但迟早还是都得上那儿去，它是当今世界上最大、最好，但未必是最便宜的书籍市场。"

没有去过伦敦真的很遗憾，而去过伦敦不逛书店，则更遗憾。我什么时候会有这样的机会呢？

结果，机会就来了。第二次去伦敦，开会后有半天的时间，就逛了几家。

水石书店（Waterstones），或者音译为沃特斯通书店，是英国最大的书店之一。上次去英国的时候，当地华人告诉我，英国有两大书店，一个黑井（或者音译为布莱克维尔，Blackwell's），一个水石，遥相呼应。黑井书店在牛津，与我有几十年的交情，我上次路过，进去逛了 15 分钟。

水石书店在伦敦也有不少家分店。我在大学区的大英博物馆旁边开会，步行 10 分钟就到了大学区的分店。

书店规模很大，包括地下部分，一共有五层。每层都有分类标牌，都是分隔的小开间。右手边还有一家不小的咖啡馆，人气很旺。咖啡馆兼有餐厅、聊天室和自习室等功能。看到有几个学生占着桌子写作或者读书，不知道老板如何想的。

书店布置得很文艺，感觉亲切。按楼层和不同的隔间放置不同类别的图书，甚至还有沙发、桌椅可供读者阅读时使用，感觉很像图书馆，怪不得不少学生就在这里"摆开摊子"学习或者写作了。

地下层有音乐类图书，还有文具、古籍、尾货、展厅，却没有乐谱。展厅可以举行小型沙龙，我去的时候看到有画展。主办方看我犹豫的样子，就鼓励我进去看。

一楼有不少文创产品，不过不是主业，没有冲淡书店的气氛。在门口的显著位置，还有《治国理政》的英文版。

这里的商品价格不便宜，金属的书签都要 10 英镑左右，而塑料书签的价格则相对可以接受，1 英镑左右。我没有买书，就买了几张书签，留作纪念。

（2018 年 5 月 27 日）

梦断查令十字路 84 号

去伦敦，好像一定要去查令十字路。不仅因为那里是观光的必经之地，而且还因为那里有不少书店，更因为那本小说《查令十字路 84 号》（ *84, Charing Cross Road* ）和那部同名电影。

去伦敦开会，最后一天傍晚，我步行去附近的剧院，路过麦当劳，在那里吃了晚餐，花了 4.79 英镑，吃了麦香鱼套餐（麦香鱼、中薯、中热巧），然后就匆匆赶路。

晚上回旅馆，本来想走另一条路，可是伦敦的道路犹如迷宫，我鬼使神差地又到了查令十字路的麦当劳。我突然想起，这不是爱书人的朝圣地吗？查令十字路 84 号，就是大家的接头暗号，这是我该去寻梦的地方啊！来伦敦之前就有计划到这里来，可是一工作就忙晕了。看来，是天意不让我错失良机。

于是我寻找墙上的标牌，就是之前的查令十字路 84 号，上面有简要的历史说明："查令十字路 84 号，马克斯及其合伙人书店，曾经在此地，因为海莲·汉芙的书，而闻名世界。"（84 / Charing Cross Road / The Booksellers / Marks & Co. / Were on This Site Which Became World Renowned Through The Book by Helene Hanff.）现在的 84 号，已经物是人非。虽然大家都希望它还是那家书店，可惜无回天之力。

我拍了标牌的照片，正想找一个人帮我拍张与标牌的合影，突然发现身边有动静，回头一看，一个黑色的影子转身过马路了，另一个黑影在看着我。于是我马上意识到，现在已经是深夜 10 点半，街头行人不多，应该要注意安全。幸亏我一人在外惯了，比较警惕周围的情况。我手上的几个相机，肯定又成为别人注意的目标。

于是，顾不得虚幻的梦，只管现实的安全，我赶紧回头，匆匆回旅店睡觉。

回家再次研究了一下地名"查令十字路"的由来，原来是出自"查令十字"（Charing Cross）这个伦敦的传统中心点，而不是"十字路口"（crossroad）。就像我们的"东四十条"这个地名，如果断句不当就会引起歧义。

查令十字路上有不少古旧书店，我还是没有时间去拜访，留个念想，下次再见吧。

（2018 年 5 月 19 日）

光的空间

　　上海家门口的大型商城，里面竟然有一个书店，而且还是唯美风格的书店。

　　光的空间，名字就不错，有梦幻的感觉。

　　该书店于 2017 年 12 月 16 日开业，建筑面积 1700 平方米，由国际建筑大师安藤忠雄设计。由上海新华发行集团与红星美凯龙共同打造。这是新华书店的转型之作，一个拥有美术馆的书店。

　　看到店门口的屏幕广告，发现星期六有傅杰教授的讲座。

　　书店没有检索用的电脑，而是在书架侧边安装着触屏，提供简单检索。可是输入法不提供繁体检索，一些特别的字就搜不到。

　　门口的展柜里是经典图书，陈列了马克思和恩格斯的著作。读者大多数是女性，她们也不一定都读书，有的在休息、看手机，旁若无人。

店员在安静地整理图书。

门口是希腊神话人物的雕塑，还有说明。心厅是中心的讲座区域，外圈的走廊摆着密密麻麻的书架，纵横交错，时空的幻觉。中间则是一个圆形的讲座大厅。"光的空间·心厅，2017年12月30日开放，建筑面积1000平方米……书和美术馆的核心功能厅，仰望星空，阅读艺术。"

咖啡区域与书店一体，没有明显的间隔和设计变化。

（2018年5月15日）

角楼图书馆

角楼图书馆开了半年多，名声越来越大。

之前，知道"东城100"领读人计划，是角楼图书馆办的。还有各种媒体来做介绍，不亦乐乎。所以假日期间，决定去看一下。

这个图书馆确实很别致，外形如楔，里面分上下两层。

楼下分展览和讲座两个区域，有各种老物件的展览，还有"阳明心学""论语读书会""角图夜读""胡同里的声音""小马哥新书分享会"等活动的预告，看上去主要是学生们参加。

楼上是阅览区，比预期要小。阅读者主要是老人和孩子。有一个少儿的活动角落，可以容纳十来人。

再往上的楼梯被锁住，一问才知道是阳台。因为人手不够，便没有对外开放。我认识的人没有上班，就不给别人添麻烦了。我想下次再来，也留个念想。

通过观察分析，这个图书馆主要采取外包的管理形式，有几个保安和工作人员，维持日常秩序。

图书馆是市民的第三空间，发挥着越来越重要的作用。但是对于如何办图书馆，却是众说纷纭。特别是在变革的时代，甚至有人认为图书馆会消亡，所以就更需要找准图书馆的定位。

角楼图书馆是一种尝试，值得我们思考。

（2018 年 5 月 3 日）

偶遇西西弗

　　周末也忙碌。难得的好天气，出去走走，就遇到了西西弗书店，没有想到北京一下子开了八家分店。

　　我 3 年前去深圳，两年前去上海，都拜访了西西弗书店，还写文章希望北京也有呢。

　　一样的设计和布局，一样的理念，只是没有找到我自己的书，倒是看到了简平兄的《最好的时光》。

　　有书店定制的毛姆小说《月亮和六便士》，我就不买了，毛姆的作品我都烂熟于心。

　　这里除了书以外，还有各种书签、手账、工艺品，是文艺青年喜欢的地方。这家店还有一个少儿空间，亲子阅读的场景让人过目难忘。

　　广播里播放着电影《毕业生》的主题曲《寂静之声》（"Sound of Silence"），不同于其他店的那种纯古典音乐的风格。

服务员让我办卡，存 600 元就可以送 240 元（120 元书券和 120 元的咖啡券），但是需要每月来，才能享受一年中每月的 10 元咖啡券和 10 元书券，还能享受《月亮和六便士》85 折优惠。我说我不能坚持每月都来，她问："您难道不能坚持每月都读书吗？"

其实我都不好意思说我每天都畅游在书的海洋里呢。

在实体书店越来越不景气的今天，各地都想方设法让读者回到书店里读书。各种基金、政府投入，各种优惠条件，促使文艺型的独立书店如雨后春笋，不断发展，这几年的势头更猛。目前来看，大多数是如下的模式：图书＋礼品＋文具＋咖啡。而能形成全国连锁经营的规模的，则是凤毛麟角。

经过一段时期的发展以后，会怎么样呢？我们再观察吧。

西西弗斯的神话为人所熟知，但我一直没有理解为什么书店起这样一个名字。查了书店的官网，我茅塞顿开："西西弗从事的是连续的运动，没有目的，无所谓善恶成败，这个行动看上去仿佛是无效的，但它包含着让人敬畏的力量。取其坚忍不拔的含义，带点牺牲精神，我们希望可以成为图书和文化行业的西西弗。"

西西弗斯的原名为 Sisyphus，而这家书店叫西西弗，用了法语拼法 Sisyphe。

在这个充满功利的时代，能甘做西西弗斯，就非常了不起。用中国文化来解释，西西弗斯精神大概就是愚公移山的精神吧。

（2018 年 4 月 8 日）

第五部分
音乐欣赏

文理兼通的现代音乐怪才：
读《高为杰80寿辰庆贺纪念雅集》

上月收到作曲家高为杰老教授的电子版图书《智者、严师、乐人、挚友：高为杰80寿辰庆贺纪念雅集》（西南师范大学出版社，2018年版），这是我一直想读的书，终于到手了。关于高为杰教授，有一些关键词：上海、成都、北京、理工、音乐、作曲、图书馆、教授。大家根据这些也许能粗略了解他大致是什么样的人。

"高先生的家就是一座权威音乐图书馆，你所能想到的音乐在这里都可以找得到。而高先生就像是一本'活字典'，总能找出在你现在的学习中所需要的乐谱和音响。"——我没有去过高教授家，但是2014年4月那次见面，就在他的家门口。

一个月来，我利用碎片时间，读完了全书。令我印象深刻的，有几个段落。

昌英中回忆道："记得是1985年左右，高老师家添置了一件电器——夏普双卡收录音机（SHARP-777-Radio-Recorder），这在那个年代算是豪华电器产品了。它具有收音机和录音机的双重功能，两个磁带卡座可以相互对录，还可以将广播播放的音乐录在磁带上。那个时候学院图书馆音响室资料比较缺乏，大多数是古典时期到浪漫主义时期的音响资料，先锋派的音响资料很少见到。那时，我们主科专业都是在高老师家里上，高老师根据我们写作的兴趣方向选出相应的音响资料，对着乐谱通过 SHARP-777-Radio-Recorder 现场播放相应的作曲家作品，分析讲解，并指出其中'过筋过脉'（四川方言，'精益求精'的意思）的要点，每次上完专业课都让人热血沸腾。"

李西安说："在我担任中国音乐学院院长期间做过几件自己最得意的事，其中一件，就是 1988 年北京和上海的几所音乐学院不约而同地都要调高老师的时候，我马上派人事处处长亲赴成都，盛情相邀，真诚感动了上帝，高老师和他的夫人罗良琏老师就这样被我'抢'到了中国院。"

"在求学任教近 30 年后，高为杰告别了四川音乐学院。实际情况并不是我本人有意离开川音，另谋高就寻求发展。只因女儿的工作问题不能妥善解决，我不知道该上哪去？"偶然看《音乐周报》一则信息，浙江师范学院公开招聘，高为杰想过去谈谈看。这个消息很快传开，中央音乐学院、中国音乐学院、上海音乐学院、西安音乐学院等国内几大音乐学院纷纷表达诚邀意向。

王珏感慨道："一块硬盘毁了我的三观，因为，在之前我认识不认识的音乐人，包括我在内往往都是很自我的人，只听自己喜欢的音乐，只接受自己认同的人，不会这样完全'不挑食'地去听五花八门的音乐和去欣赏稀奇古怪的人。高老师对音乐犹如一个新生的婴儿第一次接触到这个世界一般，对什么都是那么的好奇和惊喜，对世界永远是一个开放的态度，包容这个世界存在的万物。"

梁军认为："先生爱音乐、爱生活、爱亲人、爱学生，爱之所爱一切，用仁爱之心包容万物，用平淡之心面对荣辱。先生早年曾历经磨难，但当他说起那段历史却总是静静道来，从不会因为受到的折磨而耿耿于怀，倒是其中一些温暖的细节让先生记忆犹新，一些趣闻逸事让先生久久开怀。正是那种博大的胸怀，让他在岁月的长河中铭记感动与温暖。"

高为杰的父亲早年离开中国外出经商，出于历史原因，后来再也未曾回国，因此高教授其实从小就生活在一个没有父亲的家庭。在1957年徐汇区的高中毕业生里，上海交大文治中学的数理化全优生高为杰被直接保送入读清华。这个万里挑一的幸运儿却毅然放弃了全区仅有的三个名额之一，同龄人竞相争夺的宝贵机会。"实际上我从高二开始，已下决心要学音乐了。音乐，是我应该一生追求的目标。"

书中还多次提到在现代音乐创作中被经常使用的著名的斐波拉契数列，也被称为黄金分割数列。对于我这个学数学的音乐爱好者来说，备感亲切，又十分好奇。高教授还当过图书馆馆长，这也是我们的另一个共同语言。虽然他自己说，当馆长也是领导好意，给他提高待遇的一种方式。

2015年6月28日，我聆听了高教授主讲的"音乐创作——情与理的博弈"主题公益讲座。

高教授认为，作曲是量化的钟与不可量化的云之间的结合，是理性与感性之间的矛盾和伙伴，神形兼备。感情冲动的时候是不可能作曲的。作曲需要自由地抒发，也需要严格地控制，是两者之间的反复回旋和较量。诗人的我和匠人的我，感性的想象和理性的推敲。怎么说比说什么更难，更折腾人。他用了自己的作品《雨思》作为例子，那部作品基于李清照的诗作，是为了纪念自己的母亲在那个动乱时代所经历的苦难……

他对信息技术掌握自如，很令我钦佩。还有他保持长寿的秘诀，就是年轻的心态，保持对新事物的好奇心。我和高教授的交往，跨越了年龄和行业的界限。这些因素，造就了他跨学科的思维，用时髦的语言来说，就是"跨界"，或者"斜杠"，这更使他保持创新的动力。

（2021 年 3 月 31 日）

新年读莫扎特

启真馆出品、浙江大学出版社出版的《莫扎特传》拿到手已经有几个月了。记得初冬时节，出差的时候特意随身携带这本厚重的书，迫不及待地阅读了一半，总能引起同行者的注目。但回来后没有时间静下心来，直到过年，才能回头思考。

莫扎特的故事广为流传，莫扎特的传记也有不少版本。本书是美国著名音乐学者梅纳德·所罗门为莫扎特所作的传记，首次出版于 1996 年，当年即获得普利策传记奖，并得到学者、作家、重要报纸书评版的好评。

我在年轻的时候看过莫扎特传记电影，当时就不太理解，为什么如此伟大的音乐家，被描写成神经质的疯癫模样。在本书中，作者描述了莫扎特的外表："沃尔夫冈瘦小、面色苍白，在面容和体貌方面完全没有惊人之处。"姐姐玛丽安娜·莫扎特1792年初的生平记录和回忆中有一条这样写道："除了音乐，他几乎一直是个孩子，一直如此，这是他性格的主要负面特征。他总是需要父亲、母亲或其他监护人的照料。"

　　莫扎特与父亲的关系，也比较特别。"因为利奥波德·莫扎特确实爱着儿子。即使是病态的控制欲、唯利是图的剥削、无止境的指责、不断增加的罪孽控诉，而且对莫扎特永远负债的坚持也有其主要根源：这是父亲绝望地保持共生关系完整的手段，因为失去儿子就等于失去他存在的整体性，失去他生命意义的赋予者。"父亲在他成长中的作用，到后期则变得错综复杂。"他作为独立个人的真正标志是结婚并成为父亲。只有成为丈夫和父亲，他才能平等地面对父亲。"一直到最后，莫扎特和父亲之间，仍然保持着礼貌的残余。父亲对他的创作也有影响，例如莫扎特完成他的第一部歌剧剧作的时候，父亲再次提议他不可过于拔高艺术性。"我建议你作曲时不仅要考虑懂音乐的，也要考虑不懂音乐的大众。……每当有十个真正的爱乐者时，就有一百个门外汉。因此不要忽略所谓的通俗风格，它能取悦长耳朵。"

　　正如不少人说的那样，音乐和数学是相通的。而我则觉得，音乐、语言、数学之间有必然的联系。莫扎特的名字变体，犹如数学里的代数和变换的公式，用音乐名词表达就是变奏曲。莫扎特受洗的名字为"约翰内斯·克里索斯托莫斯·沃尔夫冈格斯·提奥菲鲁斯·莫扎特"（Johannes Chrysostomus Wolfgangus Theophilus Mozart），而他在自己的信件中则用了姓氏的变体"De Mozartini""Mozartus""Mozarty"等，甚至还有回文式的变体如"Trazom"或"Romatz"。"沃尔夫冈一名有时被拉丁化为'Wolfgangus'，意大利化为'Wolfgango'，或倒写为'Gnagflow'。"名字最后一部分"提奥菲鲁斯"源自希腊语，意为"神所爱者"，于是就有德语变体"Gottlieb"，1770年起就变为"Amadeo"，或者其变体"Amadè"、"Amadé"、"Amadi, Amadeus"（拉丁语变体）。最后一个拉丁语变体，是他去世后才被广为接受的。甚至他在结婚登记的时候，把Amade改成Adam（亚当）。一个对自己名字的多种变化如此热衷的人，实属少见。这样的一位作曲家，肯定会对音乐的变化有强烈的欲望。

作者具有哲学的素养，能对莫扎特的作品从哲学的角度分析，将之与柏拉图的几何图形之美进行对比。古人认为，完美是其固定不变的特征，而莫扎特对美的概念却不同。莫扎特在作品中通过古怪的混乱和非对称构成的美，传达忧虑感。作者还从弗洛伊德心理学角度考察了莫扎特的协奏曲，音乐形式可以作为对抗灭绝的保障，通过创造替代宇宙抵御必死命运。作者还提到，克尔凯郭尔是第一个注意到莫扎特音乐中的情欲的人，"或许没有哪个作曲家能在运用音乐诱惑肉体力量的强度和范围上超过莫扎特"。

莫扎特能够以极快的速度作曲的许多故事已经进入传奇境地，例如可以在演出前夜用一个小时创作奏鸣曲，甚至完成歌剧序曲。这应该归因于莫扎特的惊人创造力和勤奋的工作态度。虽然如此，他并非独立于外界，他的社交的丰富及多样性令人惊叹。莫扎特在维也纳初期的信件中描述了大量不同的角色——贵族、音乐赞助人、音乐家、学生、同乡等。这些都是艺术创造必须具备的因素啊。回想我国的京剧大师梅兰芳，家里经常高朋满座，戏曲、影视和话剧界的名演员们济济一堂，交流切磋，才能精益求精。在感情生活方面，他追求女性的动机十分简单，和贝多芬不同，他从未试图获得贵族女性的爱情，而是追求普通人和音乐家。从这些方面，我们可以看到一个天才的生活状态。

我个人特别关注的是，莫扎特对小号有着毫无理由的过分恐惧："直到快 9 岁时，他都非常害怕独奏，也害怕不带伴奏的小号声。只要把小号拿到他跟前，他就会觉得心窝里被一把手枪抵住。"这在音乐界都是众所周知的。可是，他估计不会想到，他的歌剧《魔笛》中的《夜后咏叹调》，已经被改编成高音小号的保留曲目。成年后，莫扎特也并不排斥小号。例如《C 大调嬉游曲》（Divertimento in C major, K.187/Anh.C 17.12），就是为长笛（两个声部）、小号（五个声部）和定音鼓创作的，不过也有学者认为这不是莫扎特的作品。

莫扎特对死亡的态度很独特，他将死亡描述为"我们存在的真正目标"，"打开通往我们真正快乐的大门的钥匙"。作者认为，对莫扎特而言，死亡是一种本体论式的机会，是对信仰的确认，可以从痛苦中解脱。不过，作者对莫扎特死亡的描述，有点过于写实，不常见于伟人的传记，阅读起来需要有一定的心理承受能力。爱、婚姻、良好社会、兄弟情谊、天真、贞节、和解，以及相信音乐力量，这些都是莫扎特留给我们的遗产。

这本传记篇幅不小，约 70 万字，翻译肯定是颇费心思，但也有不足的地方。我比较关注语言的问题，特别是对于名字的翻译。翻译外国人的传记，是一个富有挑战性的工作。比如书中提到的莫扎特的父亲利奥波德·莫扎特，外国人就直接用名"利奥波德"称呼，而中国读者一般不知所云。但是如果把"沃尔夫冈·阿玛德乌斯·莫扎特"直接称为莫扎特，对于做学术的读者来说好像也很别扭，而外文原文也不会如此表述。索引的编排基本按照原文，后面加上翻译，不方便按中文名称查找。对于学术著作，索引一直是比较重要的，但并不容易做好。附录还包括莫扎特在维也纳的收入细目，这对于深入的研究者来说是很有参考价值的。

（2021 年 2 月 14 日）

读《冼星海年谱》

新年收到的第一份礼物，就是查太元先生编辑的《冼星海年谱》。

查太元先生 1987 年出生于台中市，一直研究中国文学，并获得博士学位。他热爱音乐，是高级发烧友，捣鼓各种音响设备，参与音乐演出的组织工作，还涉足中国近代音乐史研究。2015 年他参与策划上海爱乐乐团《朋友，你听过黄河吗？》音乐会，协助组织沪、港、台三地艺术团体首演冼星海原版《黄河大合唱》，具有独到的视角。

我认识查太元先生有十来年。从他的言谈举止可见，他是一个非常与众不同的年轻人。他的工作内容、治学态度和坚韧不拔的性格，得到了不少学者的肯定。我的一个学术出版社的朋友，看到他的文章，就许诺只要他完成新书，就可以出版。

据我了解，他对冼星海的研究，已经有 10 多年的积累。其硕士论文就是以《黄河大合唱》为题进行版本考订研究。后来，作者还从世界各地收集资料，获得来自哈萨克斯坦、俄罗斯、新加坡、美国等地的文献，当然也有来自中国国家图书馆的藏书。在九江学院工作两年，继续潜心研究冼星海，于是就有了这本《冼星海年谱》。

对于文学和艺术作品的评价，作者有其自身的看法，也就是特别重视还原历史的本来面目，或许这样更有利于理解作品本身，而不损于作者的"光辉形象"。

关于冼星海的年谱，之前有过多种。但是查太元写的年谱，应该更为完整、全面、真实。在冼星海诞辰百年纪念即将到来之际，这本新的年谱，对历史是一个交代，对后代是一份遗产，对未来有特殊的意义。

该书在海量史料基础上旁征博引，还有考证和按语，不仅包括冼星海的艺术创作，还涉及个人感情生活，有助于大家全面了解这位伟大的音乐家的生平。

全书采用繁体竖排形式，编者对于混合编排的英、法、德、俄等多种文字处理得当，无可挑剔。我"鸡蛋里挑骨头"，发现传略中一个俄文名字翻译的问题，编者说是全集里采用的名称，沿用而已。图书编排形式，加上参考文献和索引，都非常便于研究者使用。因为经费不足，作者自己排版，这虽然是坏事，但也提高了图书的质量。因为根据我的经验，中外文混合的文字，排版的时候与排版员沟通，成本巨大。特别是因为排版软件不兼容外文（例如改变重音字母，忽略空格等），而且排版员对外文行文也不很在行。

16 开本，546 页，也算是大作了。拿着沉甸甸的，更能感受到背后的艰辛。他的父亲一直担心他的前途，哪知道他有自己的追求，需要沉淀的时间。祝愿他厚积薄发，更上一层楼。

（2021 年 1 月 5 日）

歌剧《马可·波罗》独特的爱情故事

以《马可·波罗》为名的舞台剧有不少，我对中央歌剧院版的《马可·波罗》之前不是很了解。

故事内容大致如下：马可·波罗与老师的女儿索仑青梅竹马，私定终身，却遭到恶人的阻挠。于是，就有了后面一系列的故事发生。最后，被救出的索仑临终前与马可·波罗正式结婚，倒在爱人的怀中。

美好的爱情，恶人的欺压，正义的胜利，悲剧性的结尾，这是古今歌剧的基本套路。

这个作品诞生有几十年了，估计较少上演，查不到太多的信息。之前没有听说过这样的故事，不知道是编剧特意为这出歌剧编的故事，还是本来就有如此传说。

女主角么红的演出非常出色。平时与她有一些交往，多次在团拜会等公众活动上见面，当面沟通并不太多，而是有几次在线上聊周小燕先生、音乐剧等问题。特别是她也喜欢法剧《巴黎圣母院》，我们之间很有共同语言。担任领导岗位以后，公务繁忙，她还能扮演如此清纯少女，毫无违和之感。女中音王红的表现也不俗。

编剧的文字还是有一些问题的，例如剧中称男主人公为"马可·波罗"，西方在口语中一般不这样称呼。"阿弥陀佛"的念法，也不太准确。马可·波罗的扮相，感觉不像是一个意大利青年。不过这些都是我个人的感受。

剧中出现了多种宗教术语，涉及基督教、伊斯兰教、佛教等不同领域，也是那个年代的特色。

80岁的王世光老先生出来谢幕，让人肃然起敬。这次复排旧戏，也有向前辈致敬之意。

前些年经常去大剧院，最近去得少了。我感到那里的服务改善不少，多处有饮用水，不必在幕间急着排队买饮料。书店、音像店和礼品店，都是大剧院自己经营，少了一些商业气息。

特殊时期，音乐厅限流，池座全满。提前半小时到达，完成健康码、身份证、入场券的检查，还有时间去店里转一圈，当然还有咖啡馆门口的弦乐四重奏，也是保留节目。音乐厅门外朱炜创作的《纪念贝多芬诞辰250周年》绘画作品，须仔细品味其中的深意。

（2020年10月24日）

老电影的摩登复古：听黄琦雯的《声音电影秀》

刚过七夕，我就收到了黄琦雯的《声音电影秀》黑胶大碟。

我本来就是音乐发烧友，在音乐界交友甚广，也许是上了年纪的缘故，很喜欢听怀旧歌曲。因为我老舅是资深影迷，他收集了许多影星的资料，我从小便耳濡目染，加之读了老舅退休后写的不少早期电影界的故事，也去参观过他的私人收藏，所以对老电影里的歌曲更是情有独钟。

黄琦雯这张《声音电影秀》唱片的创作灵感，就来源于经典老电影，熟悉的旋律、熟悉的作者，显得非常亲切。虽然都是我听过的电影里的插曲，黄琦雯却进行了创新，故而让我在体验复古怀旧的同时，也感受到了摩登的味道，她将这两种气质融合得非常不俗。

在《四季歌》中，周璇的声音和黄琦雯的声音在对话中穿透时光，黄琦雯将周璇无可比拟的声音进行延展，直通未来。这已经是黄琦雯第二次改编《四季歌》了，与第一次相比，又有了不少新意。

《渔光曲》是 20 世纪 30 年代中国电影的代表作，由安娥作词、任光作曲的同名主题曲随之家喻户晓。传奇女子安娥的故事，以及她与田汉之间的悲欢离合，是早期革命者的写照，我们都已非常熟悉。黄琦雯演绎的《渔光曲》少了一些柔弱，多了一些现代，我感觉是唱出了一个新天地，同时也比较贴合词作者安娥的个性特征。

《教我如何不想她》是那个时代语言学家的作品，因首次使用了女性的"她"，令世人津津乐道。黄琦雯的改编走得更远，爵士风格的钢琴伴奏加上张帆的女声，配以歌词的朗诵，把遥远的过去拉到了现代。古今、中西的结合，让我们以特殊的方式接触到那个时代的著名学者刘半农和赵元任，感受到他们对祖国的热爱之情。

此外，《蔷薇处处开》《桃花江》《梦中人》《恋之火》《莎莎再会吧》《阿哥阿妹》《在那遥远的地方》等歌曲，也已经成为永恒的经典。伴着美妙的音乐，我仿佛穿越到了那个梦幻的年代，电影里的一幕幕画面在我眼前浮现，而现代的唱法，不时在提醒我回到当下。

我与黄琦雯相识多年，知道她一直在中国老电影的经典音乐中提炼灵感，以摩登作为她音乐创作的基调。在我看来，这是一种难得的创新姿态。她的专辑《M&M音乐电影院》便是之前尝试单曲之后的系列创作，2014年发行后便得到了业内人士的赞誉。此后，她在这个领域继续努力——2015年正值中国电影诞生110周年，黄琦雯历时数年追寻的声音时光，如红花绿果一般跃上枝头。2016年初，她创意、执导、演绎的年代歌舞音乐秀"声音电影秀——致敬中国电影110周年"在北京首演，人声、乐声、影声，个人表演、乐队表演、歌舞，形成影音一体、情景交融的场面，业界将其称为"首部'中国百年电影文艺show'"。音乐秀上演时，她的导师李双江先生亲自到场为她点评，并肯定她是一位名副其实的、艺术修养甚高的、对舞台有着无法比拟的认真态度且表演很到位的歌手。

黄琦雯既不重复别人，也不自我停滞。这张《声音电影秀》黑胶唱片是她在2016年演出之后再度思考、进行新的创作和制作，直到她自己认可之后才发行的。今年8月7日，黄琦雯在微博里特意感谢了那些帮助过她的人，而后还写道："看着这个美好生命的诞生，就如同看见那些过往的自己……一点点改变、重建……不知不觉八年时光，丢不去的执念，心在，祝福在。"

因为所从事的职业，每当我看到各个图书馆纷纷采购古旧唱片，出版社复制旧版唱片或者用黑胶唱片制作新碟，使其成为新的时尚时，便备感欣慰。用复古的唱机播放黑胶唱片是一种风雅的体验，播放黄琦雯这张精致的黑胶唱片时，空气里满是芬芳。

百年的光影世界，随着时间翻动、跳跃。银幕后的人，有陶秦、袁牧之、沈西苓、吴村、费穆、黎锦晖、陈歌辛、李叔同、贺绿汀、陈蝶衣、雷振邦、王洛宾……银幕前的人，有周璇、白光、龚秋霞、葛兰、黎明晖、王人美、黎莉莉、赵丹、白杨、姚莉、白虹……他们都与黄琦雯因爱相遇。黄琦雯以致敬的心意，将百年电影创作者和表演者所展现的美好，用声音延展并珍藏，时光因此凝成永恒，这是多么美好的事！

（原载:《北京晚报》2019年10月20日第16版，有改动）

样板戏和打击乐的记忆

说起京剧，那是儿时的记忆，一辈子也忘不了。

在我还没有上学的时候，就经常通过广播听京剧样板戏，所以对《红灯记》里面的一些段落倒背如流。这也让我成为大人们娱乐的工具，见人就让我唱。

到了小学，大概四年级，中国福利院上海市少年宫要成立京剧组，缺打击乐，学校推荐我去考试。其实我一点基础都没有，考试的时候，老师唱节奏，让我模仿。我节奏感比较好，于是就被录取，跟老师学板鼓。我们学校就我一个人，另三个（大锣、小锣、铙钹）来自其他学校。要学的基础知识包括记谱，各种乐器的代音字"大、衣、台、仓、才"，还有冲头等主要的锣鼓经。我学板鼓，当然也少不了摸一下其他家伙，所以也掌握了锣和钹的基本功。记得老师是糖业烟酒公司的王先生，50岁开外。

京剧组就在少年宫主楼二层最东面的房间里排练，京胡是20多岁的成年人，唱戏的都是儿童，其中最出名的是童祥苓的小儿子童胜天。他老爸大红大紫，我们都觉得他也是童星，对他另眼相看。《智取威虎山》里的《我们是工农子弟兵》的段落，当然由童同学演唱。有几次还看到他母亲张南云过来，她也是梨园子弟。外宾到少年宫参观，就去各个兴趣小组看。走到隔壁的时候，有人事先通知，让我们做好准备。

除了《我们是工农子弟兵》，我们排练最多的是《杜鹃山》中的《家住安源》，经常在草坪上演出。一次去电视台录片子，事先做了充分的准备，还化了妆。我看到摄像机对准了我，可是后来播出的时候没有我的镜头，也算是个遗憾。20世纪70年代，家里有电视机的人很少，电视机是非常高端的媒体，能上荧屏的人寥寥无几。

那时候上街游行的机会多，我也在学校的队伍里敲大鼓，在卡车上或者在欢迎外宾的队列里表演，会两三种花式节奏，觉得也能胜任。缺人的时候，还客串大锣或者铙钹，自我感觉不错。有一次弄大镲，时间比较久，感觉有点体力不支。那时候我比较瘦小，不适合干这个事情。

快上初中的时候，就不去少年宫了。一天，少年宫的吴老师竟然又找到我，让我和之前京剧组的另三位同学一起去帮舞蹈组伴奏。这次换了大鼓，我们不太熟悉，但也跟着老师念的鼓点学习。曾经去青年宫（大世界）排练了几次，还有一次正式的演出。打这个大鼓，心里没有底，也没有谱子，感觉基本上是乱打，而且几个人配合也不默契。后来就没有消息，那几个同学也没有再联系过。

打击乐的基础，对我也确实有所帮助。我在初中时期，一开始担任学校的打击乐手，在游行队伍里敲大军鼓。后来，就转其他乐器。

那副鼓板和鼓箭，我一直保存了很久。十几年以后，老母亲整理东西，大概不愿意留这些破烂，就处理掉了。

京剧在我心里是一个永久的记忆。成年以后，我交了不少京剧界的朋友，却怎么也不能熟悉传统京剧。也许需要时间，也许需要年龄的积累。等我老了，大概就会接受传统京剧了。

有一张少年宫草坪上活动的照片里有我。这个草坪，平时也是航模小组开飞机的地方。那时候的模型飞机用油，发动机的噪声很大。在盛夏的夜晚，我们就在这个草坪上演出《杜鹃山》。

（2019 年 5 月 25 日）

巴洛克音乐的魅力

巴洛克音乐华丽而精致，有其独特的魅力。而且，演奏巴洛克作品所用的乐器也很特别，例如管风琴、楔槌键琴、羽管键琴、维奥尔琴、自然小号、自然圆号等，都是平时不多见的。

即使用现代乐器，演奏巴洛克音乐也要有特殊的方法，诸如颤音等，都与其他不同。

高音小号是现代人发明用于巴洛克音乐演奏的特殊乐器，虽然还不太普及，但已经有越来越多的人了解。

德国小号大师萨乌特（Otto Sauter）是中国人的老朋友，几乎每个月都来北京。他这次来客串沈凡秀教授的巴洛克音乐会，演出完之后又坐飞机回国了。

我事情太多，不能看演出。萨乌特教授说可以看排练，让我喜出望外。联系上沈凡秀老师，她告诉了我具体的时间和地点，我抽空去看了一个多小时。

初次见面，沈教授倒是不把我当外人，看人手不够，让我上台一起帮忙摆椅子和谱台，我也得以近距离看了王府音乐厅的后台，观察了羽管键琴的局部。试了几下乐器，没有搞明白发声原理，外表看不出来。价值百万的乐器，不敢乱动，看看就有眼福了。

萨乌特教授看到我来了，很高兴地打招呼，还与我握手。前一次我去旁听他的课，他还点名问我，让我叼号嘴，我根本叼不直，而他却一下叼了俩。我们同龄，看上去还是有缘分的。

陈光教授是国内大师，水平高，也正当年，担任几个顶级乐团的首席。不过，我还第一次听他演奏高音小号。那塔蒂尼 D 大调小号协奏曲，真是信手拈来。

主办这样一次音乐节，沈凡秀教授真的不容易啊。上午去大剧院，没有琴，要搬家公司搬过去，下午还要搬回来，可是长安街不能走车，都是问题啊！

和沈教授的先生聊天，更知道其不容易。做音乐的人，还要做讲座，有不少事情，不会想到。例如投影设备是否兼容，笔记本电脑是否已准备好，投影的格式是否正确等。我参加了几次音乐界的活动，这些活动都不可能像政府机关那样办事严丝合缝。

初学音乐的人也许不熟悉巴洛克音乐，但越听越有味道，乃至痴迷。

我录了几段排练视频，有莫尔特小号协奏曲第一乐章（萨乌特演奏，沈凡秀羽管键琴／指挥）、维瓦尔第双小号协奏曲第一乐章片段（萨乌特和陈光演奏，沈凡秀羽管键琴／指挥）、塔蒂尼小号协奏曲第三乐章（陈光演奏，沈凡秀羽管键琴／指挥）。

（2018 年 11 月 23 日）

张小夫教授的风采

张小夫教授是中国电子音乐的开拓者，享誉海内外。

之前只是耳闻，最近有机会认识，并听了他的讲座，茅塞顿开。

原来，电子音乐不是我们之前想象的那样，只是诸如电子琴、电贝斯之类的东西，而是信息技术与音乐的结合，是一种全新的音乐形式。

现代音乐，是在古典音乐的基础上进行创新，而电子音乐，则提供了更多的手段和素材。声、音、乐，不同层次的组织，就会达到不同的效果。

第一次听电子音乐的音乐会，感觉有点茫然。看到 24 声道的高档设备，其价格令人咋舌。作曲家在设备上手忙脚乱，感觉是在进行二次创作。教授说，电子音乐一定要去现场，不能听碟子。

有朋友问，电子音乐应用在哪里？20年前，很少有电子音乐应用于电影中。而现在，电影中不可能没有电子音乐。这是多么大的飞跃啊！电子音乐其实就在我们身边，我们却不知道它的存在。

　　电子音乐没有乐谱，其演出依赖于设备和环境，这明显不同于传统音乐形式。

　　我的工作与信息技术密切相关，我也喜欢音乐，能为电子音乐做什么呢？目前好像没有想好。

　　我的习惯是，参加活动时随身带相机，尽可能多地记录多媒体信息，希望没有冒犯到别人。

（2018 年 11 月 9 日）

亲见幽灵

《剧院魅影》（或称《歌剧院幽灵》，*The Phantom of the Opera*）是我最喜爱的音乐剧之一，看过诸多视频版本，对其中的情节倒背如流，对每一首曲子都很熟悉。我最喜欢的是25周年纪念版本，西拉·博格斯主演。这不仅是因为其制作精良、规模宏大，而且还因为主演对剧情的理解很到位，其形象、表情、手势、步态……都表达出一个真实的克丽斯汀，这对于戏剧演员来说是不容易做到的。

遗憾的是，我一直没有看过现场演出。不管现场如何，还是有必要体验一下的，更何况我就住在西区旁边。以后不一定还有机会再到伦敦来，即使再来，也不一定会住西区附近了。

在伦敦的最后一天下午，我按朋友的指示，到了莱斯特广场的售票房（TKTS），有20多人排队，大家都不着急。一男一女两个售票员，非常耐心地向顾客解释，哪个剧院，什么节目，什么位子，一般都要 10 分钟。可是大家都不着急，有序排队。轮到我，是一个男售票员，他说剩下最好的票子是 13 排中间，43 英镑。我毫不犹豫就付钱买票。

因为不太懂剧院的事情，我事先问好的各种座位的名称：Stalls（一楼）、Royal Circle（二楼）、Grand Circle（三楼）……在这个热情的售票员面前都用不着了。

我到了现场，发现剧院很小，估计一层 Stalls 是 $30 \times 15 = 500$ 的观众席位，全场大概 1000 人吧。进场的时候可以拍照，到剧中休息就不让了，甚至拉大幕后也不让拍照了。休息时间买饮料喝的人排队很长，就不喝了。

我的座位是 M15，算是第 13 排中间，位于剧院观众席的中央，再往后就要被二楼挡住。但是前面一个高个大汉挡住我的视线，我不得不把身子伸出过道。左边位置是下午买票的时候我身后的三位德国人，女孩一开始不说话就想挤进来入座，被母亲责备："你怎么也不说劳驾呢？"我说没有关系啊！童言无忌，哪里都一样。

表演很娴熟，程式化，也有现场伴奏。但是缺少激情，特别是"不归之路"（Point of no Return）那段特别突出。

时空的转换，在小剧场里也做得很到位，采用了各种手法，我事先没有想到。剧院满座，我下午 2 点半去还有那么多票子呢。看来都是临时买票的。

票价 43 元，节目单 4 元，卖节目单的小伙子说不收旧硬币（那是 2015 年的一英镑），不知道为啥。我自己收藏吧。这价格，即使到中国来，也算是便宜的。我不清楚剧院的运作方式，是否有政府支持呢？每天都有例行演出，甚至还有乐队现场伴奏，这在中国不容易做到。

《剧院魅影》，在音乐剧创作之前，就有小说和电影，移植到中国，就是《夜半歌声》，想必大家都知道。

剧终以后我在剧院门口和海报合影。非常满足。回旅馆，其实也就 10 分钟的路程，但还是迷了路，走了 20 多分钟。

至于有人认为这出戏不是音乐剧，而是歌剧，我就不在这里讨论了。

（2018 年 7 月 15 日）

第六部分

那些与书有关的所思所想

鲜嫩 60 年的男人：读俞晓群《书后的故事》

这些年，俞晓群已经成为我的好朋友。虽然我们经常见面，但是他的《书后的故事》一书的出版，我是从网上得知的。为了先睹为快，我就自己在草鹭文化的微店订购了一本，清明节后就到了。我订的是特装版，蓝色光边，PU 精装。限量 300 册。

书店在推荐介绍此书时引用了我的话："（俞晓群）除了读书会友，看稿写作，没有其他爱好，其'心境是寂寞的'，所以他能成大器。俞晓群在为人作嫁衣的同时，更好地成就了自己，他是我的榜样。"

书分为两部分，上编"六十杂忆"，下编"书后的故事"，都是 10 年前开始写的《深圳商报》的专栏文章，每篇 3 页，1500 字，很方便阅读。我利用会前碎片时间，工作休息之余，还有在公交车上的时间，一下子就读完了。

上编"六十杂忆",提到了他从小到大的一些碎片记忆,涉及他和父辈的一些经历,我能从中找到一些共鸣。特别是从《初读记》一直到《初读十一记》,作者回顾了自己的阅读史,还有父母和兄弟姐妹对读书的态度。那个年代的启蒙,很特别,也很不容易。在《初读记》里,作者提到,父母在接受改造期间,家里无人管束他,他可以随意翻看父亲的藏书,其实也就是被抄家后退回的堆放在墙角的几个麻袋。他每日选取书翻看,还做过零星笔记。这些书包括《一千零一夜》《浮士德》《希腊的神与英雄》等,其内容、装帧、插图,都在他幼小的心中埋下了爱书的种子。我也从中了解到为什么作者会成长为一个图书界的大咖。

读到下编"书后的故事",第二篇《两位才子》,我一下子就乐了。作者回顾了他与我认识的过程,我对《论语》的研究,还有我的学长简平先生。描述我的文字很独特,读了感到有点过誉。

这一部分主要是讲他与图书行业不同人物交流的故事。他在《书业七家》一文中,归纳了他交往最多的七类人——出版家、作家、选家、装帧家、发行家、藏书家、读家。对照我自己,我虽然写书,但谈不上作家;虽然有书,也谈不上藏书家;如果说我是读家,估计还凑合吧。他说道:"读者成家，需要两个要素：一是懂书，再一是敢说真话。何人是我心中的读家呢？不论相识与否、地位如何，时常被我以书相赠者，或点赞其书评言论者即是。"事实上，在这"七家"中，他自己就独揽一大半。

沈昌文在《阁楼人语》里总结《读书》时期的工作："从未公开招聘，都是各方面推荐而得，内部掌握的标准，实际上唯有一条：好人家子弟。'好人家'也者，既不指红五类，也不指黑五类，只指家庭中文化素质较高，从而品德学识也略好。如斯而已。"这"好人家子弟"，却是我熟悉的表述。我小时候父母也经常用这样的话，让我结识正派朋友，不要与"野蛮小鬼"来往。而这也是沈公的祖母对他的教育，成了沈公选人才的标准。他第一次认识俞晓群，也称其为"好人家的子弟"。俞晓群在《好人家的孩子》一文里，再次提到这个概念。他说，"好人家"，不是家里有钱有势的纨绔子弟，而是要有如下"身份"：一是要上最好的学校，二是要与好孩子一起玩，三是要做听话的孩子。

毛尖也是圈内人士，她的名字如雷贯耳，但我没有见过她。她的文笔独特，很有幽默感，是另类风格，我等学不来。毛尖的序《鲜嫩六十年》，标题就很能吸引眼球。文字里多次提到"男人"和"女人"，用特殊的手法，把俞晓群描绘得活灵活现。毛尖甚至还注意到，在整本书中，"俞老板前前后后哭了十多次"，遇到杀生、读书入境，都会动容。她最后说道："至于这本书，会用九十二个故事告诉你，为什么这个男人可以鲜嫩六十年。"读到这里，你一定会有阅读的欲望吧？

这就是我迫不及待、不等他送我就直接买书的理由。

（2022 年 4 月 12 日）

读俞晓群《沈公序我》，赏十三颗珍珠

有机会获得草鹭文化出品的俞晓群《沈公序我》，非卖品。该书封面与同期正式出版的《两半斋随笔》图案相同，颜色不同，为仿皮材质，花枝图案出自装帧设计师凯瑟琳·亚当斯 1898 年制作完成的书籍，这位装帧设计师是著名书籍装帧设计师科布登·桑德森先生的徒弟，风格宁静雅致。

俞晓群从 2003 年开始出随笔集《人书情未了》，沈公作序。从此他规定，自己的每一本随笔集都请沈公作序，直到今年出版《两半斋随笔》，沈公已经为他的十三本随笔集写了十三篇序言。俞晓群说："沈公十三篇序言，恰似十三颗珍珠。"

沈昌文和俞晓群是师徒，也是朋友，而且更像是父子，二人的言行和文字中，都渗透着感情。要不然，沈公怎么会连续给俞晓群写那么多序呢，估计也找不出第二个例子了。

这本小书，不仅体现了这两位著名出版家之间的友谊，也是俞晓群从事出版业的心路历程的写照。有时候，沈公也会塞进去一些"私货"，向读者介绍自己的一些经历和感想。

俞晓群的书我大多数都读过，对这些文字自然熟悉。读这本小书，也回顾了那十三本书的内容。

俞晓群很勤奋，工作是做书，业余是读书和写书，"三栖达人"，我等望尘莫及。"十三颗珍珠"，也是他人生道路上的十三座里程碑，记录了一个时代出版业发展的轶事。

不少订购浙江大学出版社最新出版的《两半斋随笔》的读者，都获得了这本小小的纪念册。在书架上并列摆放，对照阅读，相得益彰。

（2020 年 6 月 15 日）

读两半斋　寻大师梦

喜得俞晓群新书《两半斋随笔》，草鹭文化出品，由浙江大学出版社于 2020 年 3 月出版。

这本书是著名出版人俞晓群关于出版业及当代中国出版家的随笔文集。涉及张元济、邹韬奋、丰子恺、叶君健、陈翰伯、陈原、李学勤，也有许渊冲、黄永玉、沈昌文，还有谢其章、张冠生、江晓原、王强、冷冰川、周立民、姚峥华。这些名字代表着一个个曾经在出版史乃至整个现代中国历史上留下过深浅不一的足迹的人。

书里面的文章，都散见于博客、报纸或者其他文集。这次重新汇集，基本按人物的出生年代排列，成为体系。

前面是如雷贯耳的大师，后面是我熟悉的大家，不少人还经常见面。读了这本书，不仅学习了大师的精神，也进一步了解了同时代大家的为人。

熟悉俞晓群的人都知道，他爱书如命，也是工作狂，除了书，没有其他爱好。上班时间做书，下班以后读书。书名中的"两半斋"取自俞晓群的书房名，他的存书，办公室有一半，家里有一半，表明了数十年来，他身处出版界和阅读生活的状态。两半斋里写的随笔，都是和书相关的人物和故事。

大师们高山仰止，是文化史上的丰碑。通过俞晓群的笔，我们可以了解更多的侧面，我不再赘述。黄永玉几乎没有不看书的一天，给我留下深刻的印象。沈昌文迷路的故事，也是我和俞晓群一起经历过的事情。谢其章经常提到他的"老虎尾巴书房"，可我总也没有听明白。张冠生先生勤于笔耕，集腋成裘，著作颇丰，令人景仰。与江晓原虽然从未谋面，但其科学史、性学等领域的著作，还有他的书房，都令大家津津乐道。我只见过王强一次，但是其事业成功，令我等佩服，他的新东方创业史和海外珍本藏书，犹如天方夜谭，而且他和俞晓群一起策划的草鹭文化，与我联系密切。冷冰川的画我见过不少，其背后的故事还是第一次读到。而"躺着读书"的周立民博士，经常被人误解为特立独行，其实他有自己的"批判性思维"方式，多数人不理解。

书中只有一个女性，"雪呆子"姚峥华，我不认识。沈昌文的序，最后更是给大家留下了悬念。以后如果有机会，倒是可以看一下。

书的封面为仿皮材质，花枝图案出自装帧师凯瑟琳·亚当斯 1898 年制作完成的书籍。

（2020 年 6 月 14 日）

会故人　品书香

　　每年我都会收到俞晓群的新书，仔细拜读，并做笔记。去年读了他的《杖乡集》，应该是退休前的总结。本来期待在他的"杖国"之年有更多的惊喜，可是才过一年，又见新书出版。

　　东方出版中心 2018 年 8 月出版的《书香故人来》，是俞晓群近两年的随笔作品集。书名中出现的关键词，是"书香"和"故人"。俞晓群所说的"故人"，本意指祖籍江苏、在东北出生及长大、在北京奋斗的朋友们。书香确实神奇，读书人之间，如果读过很多共同的图书，有共同的语言，则不需要任何介绍，走遍全世界，都能成为朋友，所谓"一见如故"就是这个意思。所以，我觉得故人还有这一层意思。我和俞晓群认识有 10 年，主要是他到北京工作以后，之前虽然间接有关，没有谋面，也算神交。早在 1998 年，沈昌文先生请我吃饭，就说这饭是俞晓群请的，我也没有听明白是怎么回事。这样看来，我通过沈先生这个故人，结交了俞晓群，我和俞晓群也算是故人了。

俞晓群一辈子做出版，著述都与图书有关，可谓书香遍地。而这里所说的"书香"，又有其特定的含义。俞晓群刚开始任职辽宁教育出版社的时候，就提出"为建立一个书香社会而奠基"，这也成为他一生从事出版工作的追求。在他的心目中，"书香"一词，有着更为丰富的人文意义，这应该也是他后来到海豚出版社以后的奋斗目标。在《人文》一文中，他提到他到海豚出版社第二年，便确定办社方针为"人文童书，书香少年"，就是要在童书出版之外加一个人文系列，也要在童书中融入人文精神。2017年出版的《海豚人文书目》，是他在这个方面的工作总结。国家后来倡导"书香社会"，应该有"俞晓群们"的前期努力作为基础，这是件功不可没的事。欧洲文艺复兴，不是凭空发生的，而是以中世纪修道院图书馆里的修士们保存、翻译、整理的古典文献为基础的。中华民族的伟大复兴，更离不开"书香"，俞晓群的工作体现了他的使命感。

其实，我和俞晓群之间有不少共同点：都学数学，都做过哲学，都做图书。不同之处在于，我做数学以后，就没有时间再研究数学，而他则一直对数学情有独钟，写了一些科普文章和书，也推动了一些数学图书的出版。我喜欢哲学，曾经读了艰深的哲学著作，也差一点改行学哲学，而俞晓群则是认认真真拿了哲学硕士学位，还有不少研究文章。我后来在图书馆工作，业余时间翻译学术图书，也编译了图书馆界的专著，而他则专注于出版，而且著作等身。我有着从上海到北京的漂泊经历，而俞晓群则是"一位边疆壮汉到内地开发"，而且他的祖籍也是江苏。有那么多共同的爱好和类似的经历，我们俩自然会有不少共同话题，每每读到他的文字，总觉得是别人将我自己的经历写了出来。我爱好广泛，涉猎不少领域，总也不能精深，而俞晓群则除了读书以外没有任何爱好，每天就是读书和写作，所以著作等身。不过，书香是我们之间联系的重要纽带。没有图书，我们就算认识，也不会成为好友。

特别是《变轨》一文，他提到自己从数学改行到哲学的经历，我读了觉得很亲切。20 世纪 80 年代初，科学哲学兴起。托马斯·库恩、费耶阿本德、拉卡托斯等人到现在都还在影响着我们。近些年，"范式"理论还是图书馆学议论的一个话题。我自己也走了一段类似的"变轨"道路，和俞晓群殊途同归。变轨以后，他也没有忘本，编写了一些科普著作，还为数学界牵线搭桥。《科普》一文中提到的华罗庚、王梓坤、王元、梁宗巨、陈景润等名家和他们的著作，都是我非常熟悉的。只有共同经历过那个年代，才会有如此深刻的记忆。

在《记异》中，作者虽然提到"我之经历，异事似乎没有，异人我也不是"，但实际上，作者文中提到的人物，都很有特点，例如国际版权贸易开门人孙立哲、出版大佬郝明义、书蠹王强、藏书家韦力、学界怪才傅杰，还有周山、陆灏、毛尖、吴光前、杨小洲、于浩杰、张冠生、林道群等，不仅都在各自的领域内颇有建树，而且都有独特的个性。在《书癖》中，作者讲道："俗语说：'人无癖不可与交。''癖'是一种热爱，也是一种病态或准病态。我谈书癖，是病得不轻。"确实，无论在哪个行业，包括科学、艺术、哲学等，如果没有癖好，没有病态的热爱，都不可能做到极致。俞晓群先生记录了这些特别的人和事情，犹如当代出版界的《世说新语》，他不仅记录了历史，还给后人留下了无限的想象空间。

俞晓群之所以成功，是因为善于学习，从出版的历史中去寻找规律。他也善于拜师，常怀感恩之心。在《师傅》一文里，他提到七个人：张元济、王云五、胡适、陈原、范用、沈昌文、钟叔河，都是他一生中值得学习与追寻的人物。他学张元济做人，学王云五做书，学胡适做学问，学陈原做文章，学范用做书人，学沈昌文做事，学钟叔河做杂家。至于沈昌文先生，几乎是他每本书中都提到的人物，而沈昌文先生也为他的大多数书写了序，其感情真挚，溢于言表。沈先生是我们俩的共同朋友，之前是沈先生亲自联系我，沈先生患病以后，我们还能经常在俞晓群的饭局上见面。

我的职业生涯从选书起步，做了多年的图书馆选书工作，选书工作的重要性不言而喻。其实，不仅是图书馆选书工作重要，出版社的选书工作也重要。这个工作，关系到出版社的定位和图书的销量。俞晓群认为，出版人应该具有两种重要素质：一是选书的良心，再一是选书的能力。短短两句话，蕴含了深刻的意义，也是图书馆采访馆员一辈子的追求。再加上书中提到的"找书"，已经成为图书馆员的一种精神。

图书馆采编工作人员一般只和书打交道，而出版人，则需要与人打交道。不交朋友，不能成为好的出版人。俞晓群不仅善于交朋友，而且还把他与学界朋友们的交往，都用文字记录下来，就更难能可贵了。我一直认为，口述史比正史更为真实，更有价值，更有味道。俞晓群这本小书，与之前的《一个人的出版史》相比，更随意，更轻松，更具可读性。俞晓群先生在出版领域内的著述，恐怕无人能比。如果要研究中国当代出版史，首推俞晓群的著作。如果我带博士研究生，我会建议学生系统研究俞晓群的思想，从中发现一些规律性的东西。

俞晓群退休后，依然活跃在自己喜欢的领域，在熟悉的园地里耕耘。"故人"依然在，书香飘满园。

（原载:《辽宁日报》2018 年 11 月 12 日第 7 版，有改动）

一个时代的集体记忆：读简平《追踪迷失的卫星》

　　高中学长简平是著名记者、作家。我每年都能收到他的新书。

　　这本《追踪迷失的卫星》，是他的中短篇新闻报道集。该书涉及领域很广，包括社会、生活、教育、文艺、科技等。书中有不少事情都是我亲身经历过的，印象深刻。例如千年虫、上海电视台的建造和拆除等。

　　他用自己独特的视角和细腻的笔法，描述了一个时代中的人们的所见、所思、所想。过了那么多年后再阅读，眼前浮现出一个时代的画卷，有写意，也有工笔，还能让人回想起自己在当时的体验。

　　正如作者自己所说的那样："这些作品不仅是我个人的新闻采访和写作记录，也是一个我所身处的时代和社会的集体记忆。让我深感欣慰的是，从新闻本义学来说，任何'新闻'

都是过去式，都是'旧闻'，但是，这些作品至今还有新鲜感，还有现实感，还有咀嚼感。"

作者在《一本最豪华书籍的悲喜历程》一文里所提到的《鲁拜集》，我也参与了其复制本在中国的一些活动，感受到图书装帧艺术的美丽，这也是我第一次见到如此豪华的图书。文章最后简平所说的"可以真实触摸和拥有的纸质书籍将永不沉没"，成为我和安建达创作读书系列漫画的灵感来源。

文集中每篇文章后都配有"采写手记"。例如，他在《走进赵文瑄的记忆》的采写手记中说道："我做了10年文艺记者，专门跑影视条线，在这10年间，我几乎采访了所有当红的明星，我承认有些采访比较粗糙，那倒不是因为受制于采访条件，可以说，当时我想做哪位明星的独家采访都是没有多少困难的，关键是我自己对明星有所选择。我希望自己的影视报道是有独特个性和独特品质的，我认为，即使是娱乐新闻，也应该具有人文精神。让我欣慰的是，我的追求和努力得到了众多读者的认可，他们说我的影视报道'独树一帜'。"

简平有特殊的品质，待人真诚，永远以微笑面对生活，具有超人的毅力，也有强大的演说能力。我与他结交多年，我们之间有不少共同的朋友。他兼有作家、记者、制片人等多种身份，能协调好各方面工作，这也不是容易的事情。他的笔下不仅有当红明星，也有平常百姓，内容涉及古今中外、科技人文、天文地理、家庭生活，无所不包。我一直热爱文学，所以也总向这位著名作家请教问题，希望自己在写作方面能有所提高。这对于本职工作繁忙的我来说，也算痴心妄想吧。

（2022 年 3 月 25 日）

感受童年的温柔和伤痛：读简平《青草奔放》

好友简平先生出了新书《青草奔放》，我在第一时间便得到此书的签名版。具有童趣的封面设计，令人耳目一新；绿色的扉页，与书名完全契合，也散发出青春的气息。

全书分为十二章，每章以月份和草的名字为名。读完全书，我理解了作者的用意：一年从 4 月开始，正值春天，也是作者的生日月。过了 4 月，就是夏天了。最后一个月是 3 月，又是春天，象征着轮回，也寓意青春再现。"冬去春来，所有的草都在返青，虽然冬天湮没了它们，甚至摧毁了它们，但如今它们都在蓬勃生长，蒸蒸日上。"

第一章的标题中的"马兰头"，可用来做成现在最有特色的一道上海凉菜。我们小时候司空见惯，长大后才体会出其特点。作者的外婆说："吃马兰头，图的就是清明、清凉，一个人一辈子都要这样清清朗朗的。"外婆的话看似家常，却有深意。作者今后的性格，不也如此吗？

全书以外婆、小黑皮等几个主要人物为线索，讲述了作者童年的一些小故事，折射出当时人们的生存状态。通过一个人，一件具体的事情，都可以联想到社会的大环境和大事件。例如，在《七月·狗尾巴草》一章中，作者提到和"小黑皮"一起玩耍，却无意中因为递给他狗尾巴草而触及他内心的痛处：那天他出门，几个人将他打倒在地，骂他"狗崽子"，把一畚箕的狗尾巴草倒在他的身上。以后，他们再也不来往了。

法国作家加埃尔·法伊说："童年，带给我们无尽的温柔和挥之不去的伤痛。"有人说，人生都是命中注定的。难道不是吗？童年的成长环境，童年所经历的苦难，童年所享受过的乐趣，都会是成年以后的财富。童年不能由我们自己选择，这不能说是命运吗？从心理学的角度来看，儿童时期的经历会对人格发展产生重要作用。在最后一章里，作者说："我们总会长大，总有一天也会远走高飞。"

读了简平的书，我也想到了自己的童年，当然我的童年也塑造了现在的自我。书的最后一页是"童年笔记"——"每个人的童年都是与众不同、独一无二的，读了作家的童年故事，你是不是也想写写自己的童年呢？"这一页只是提示而已，后面留有空白让读者自己记笔记。我的笔记不在这里写，而且这里也写不下。

简平笔耕不辍，每年出不止一本新书，创造力惊人，其刻苦努力的精神也值得我们学习。

（2021 年 5 月 23 日）

简平《打着旋涡的河流》和学校生活点滴

　　简平兄是高产的作家，这次读的是他的个人影像集，这是我读过为数不多的出版类型。《打着漩涡的河流》，由辽宁美术出版社于 2021 年 1 月出版。

　　简平是一个细心的人，把过去的照片、资料都保存得非常完好。令我惊讶的是，他竟然保存了 20 世纪 70 年代的不少图片，那时候相机可是奢侈品啊。出生、父母、祖辈、上学，各个阶段的图片都非常完整，而且通过优美的文字组织了起来。

　　我特别注意到的是书中关于中学时代的《风雨楼》一章，因为我们是校友，里面的人、事、物，不少我都了解，所以能引起共鸣。

　　例如，他提到有人恶作剧，把他的蚊帐烧出一个洞，我也想起了自己的故事。

刚上高中的时候，父母谆谆教导，在外要与人为善，懂得谦让。我好不容易"当官"，是吃饭的桌长，负责分菜。当然是让别人先吃，如果有剩余再征求大家意见。结果，我还来不及吃，好东西都被一抢而空。这个事情在我记忆中印象深刻，至今难忘。

还有一次，上大学的时候，我父亲给了我一把家里珍藏的美国不锈钢餐具，到学校里吃饭用。饭后，我就随手把餐具放自己床边的架子上。晚上自习回来后，我发现餐具不翼而飞。问寝室同学，大家都装作若无其事的样子，我也很无奈。我从同学们的眼神里看出，是他们觉得我比较另类，在我离开的时候，"打土豪"了。我整天在教室读书，他们一直在宿舍里玩，没有办法。

集体宿舍的被子需要拆洗，大多数同学都是带回家拆洗，或者父母到学校里来帮忙。我比较要强，也想锻炼独立生活能力，就自己洗自己缝。

还有，就是晚上说"黑话"，现在也叫"卧谈会"，就是海阔天空，讨论各种国际形势，甚至吵架，让人无法睡觉。那个年代，信息不发达，新闻来源就是报纸和广播，电视也是奢侈品。条件好一些的同学，能购买短波收音机，听外国广播，于是就有不同的观点。

简平的书中还收入了一张他的老师陈德良的照片，是陈老师和学生们划船的场景。我一看面熟，另外三个人都是我高中同学，这张照片是那年我们去长风公园春游时拍的，陈老师当时是团总支书记。

学校里的琐事，回头看都很平常。不管是好事还是坏事，大多数人都会经历，可以说是人生必修课。有一些小事，也会改变一个人此后对某个问题的看法。对我们来说，这些都是美好的回忆。对于教育工作者来说，他们应该从中总结出一些规律，让下一代在更健康的环境中成长。

（2021年3月20日）

理想之光、希望之光：
读《权力清单：三十六条》有感

简平，新闻记者，高级编辑，电影、电视剧制片人，上海市德艺双馨文艺工作者。前些年，他大病初愈，还料理了母亲的后事。我们都劝他，不要再拼了，身体第一。但是，一转身他就忘记了，好像工作就是他的全部，继续制片，读书，写作。一天，他告诉我，你最近来上海，我们就不能见面了，我要去浙江住一段时间。我以为，他是去开会，去旅游，或者去短时间调研，也就几天而已，最多也就几个星期。没有想到，他这一去，是长住了。

他竟然还接受了这样一个写作长篇报告文学的"工程"，从2016年春天开始，在为期两年多的时间里从事乡村采访活动。终于，我读到了新书，这就是浙江文艺出版社2018年8月出版的《权力清单：三十六条》（后简称《三十六条》）。之前，我读过他的十多本书，有儿童文学、随笔、自传，大多数属于纯文学的范畴。这次拿到的书，却与众不同，我感觉到了沉甸甸的分量。

长篇报告文学《权力清单：三十六条》真实而生动地记录了浙江省宁海县在全国首创并积极推进村级小微权力清单制度过程中乡村的深刻变化，呈现了中国社会基层民主政治建设中的一项开拓性工作。"三十六条"是浙江继"最多跑一次"之后的又一重大制度创新，它彻底打通了中国基层社会权力运行的"最后一公里"，解决了长期在基层民主政治建设实践中没能解决的难题，在制度创新层面让中国广大乡镇的基层民主真正落到实处，为中国特色的基层民主政治改革提供了宝贵的经验和样本。从长远来看，中国特色民主政治，也将对人类政治文明做出新的贡献。

作者简平认为，尽管自己生活中的日常吃用都与农村息息相关，每天都能接触到进城的农民，但内心是轻视农村和农民的，并不知道广袤的农村田野其实与高耸的城市大厦具有同等的价值，不知道农村存在的问题与城市存在的问题在本质上是一样的，不知道农村是关乎全局的根本所在，农村兴才是整个国家兴的可靠保证。不少城里人并没有太大的视域，并没有太大的情怀。今天，宁海农民的追求事实上正代表着全中国人民的追求，人民群众对美好生活的向往的一个尤为重要的维度，那便是尊严，物质上不因贫穷拮据而自卑，精神上不因主人翁地位的缺损而抬不起头来。虽然《三十六条》目前还是一份村级小微权力清单，是在村庄里面实施的，但是，我们同时也看到了这样的改革已经破题，而且正在或已经形成社会共识。尽管前方尚有一条很长的路要走，但是如果说这条漫长的道路起始于村庄，谁又能说不会由此延伸至更多的地方、更远的前方？因为广袤的农村是中国最为基础的原点，星星之火，可以燎原，政治文明建设、民主与法治建设、新的政治生态建设，岂止是一个村子。通过规则来公正处事，通过正义来凝聚人心，这是一个现代化国家的必然要求。

简平在宁海生活时，以一个普通村民的姿态走家串户，常常坐在田头、屋檐下、大祠堂里与村干部和村民聊家常，倾心交谈，乃至直接参与村务工作。如果不这样做，是无法与他们做朋友、取得他们的信任的，也就可能听不到或看不到最真实的情况。

书中的一个典型人物，便是四十多岁的葛更槐。他多年来一直在外闯荡，但他在 2013 年 12 月回到村里，竞选村主任。他的竞选动机一是为族人长脸面，二是为朋友谋利益，他不否认一开始的时候是夹杂着私念的。所以，他上任后的第一件事就是想把综合楼这个 380 万元的工程项目拿下来。

但令他没有想到的是，2014年2月，《三十六条》施行了。根据新的制度，所有的工程项目根本不可能由村主任一个人说了算，不要说村干部，每一个村民都拿着《三十六条》的小册子，一一对照着，谁都休想走歪一步。按照这份权力清单，整个流程必须经过这些环节：首先要过"五议决策法"这一关，也即由村党组织提议，接着由三委联席会议商议，后交党员大会审议、村民代表会议决议，决议结果公示三天，由三委会组织实施。完成之后还需要村民评议，所有的预决算、监理、公开招投标都得交由县镇公共资源管理机构委托第三方进行，组建村专项工程管理小组对工程实施全程监管，财务公开，账目层层审核后通过乡镇"三资"管理服务中心进行转账支付，而且每一个环节都必须进行公示。葛更槐觉得每走一步，他手上那个村主任的权力就给削掉一层，直至最后他清楚地看到事实上他已没有什么权力了。这个变化完全出乎葛更槐的意料，整个执行过程对他来说非常痛苦，他为此沮丧过，甚至愤怒过，但他最后获得了凤凰涅槃般的浴火重生。

《三十六条》，不是文字游戏，不是官僚主义的文过饰非，而是实实在在的权力清单。通过印刷20万份漫画读本，并以小品、马灯调、快板等文艺形式下乡巡回演出，进行宣讲；

并利用新媒体，开通微信公众号，拍摄电视节目，用最简单的、村民们喜闻乐见的方式，确保村民们看得到，看得懂，使《三十六条》家喻户晓。这些条款，让干部们不那么自在了，但也确保了决策为民，杜绝了漏洞。

书里的人物都有名有姓，故事都源于生活。作者在采访期间，看到了变化，看到了希望。书中有不少很具体的、琐碎的事例，都是普通农民的所思所想所为，让大家看到一个真实的农村如何走上基层民主政治建设的道路。

如今，《三十六条》这个"宁海经验"得到了越来越广泛的认同，被认为提供了中国社会基层民主政治的理想样本，为依法治国、实现基层治理现代化树立了典范。"宁海经验"也得到了中央领导的高度关注。2016年6月，《宁海县村级权力清单三十六条》入选"2015年度中国社区治理十大创新成果"。2017年初，《宁海县村级权力清单三十六条》送达中央全面深化改革委员会；4月，《宁波市推进农村"小微权力"清单制度》被列入中央改革情况交流通报。2018年2月4日，中央一号文件发布，这份题为《中共中央 国务院关于实施乡村振兴战略的意见》的文件，对实施乡村振兴战略进行了全面部署，是谋划新时代乡村振兴的重要顶层设计，而宁海县首创的给村级小微权利拉清单的工作被写进了这份文件，文件确定，推行村级小微权力清单制度，加大基层小微权力腐败惩处力度。

简平感慨地说道："我希望人们能通过我的这本书，感受到当代中国农村正发生着的动人心魄的变革，感受到当代中国农民最为热诚、最为深切、最为努力的追求和奋斗，并与我一样，看到闪烁于人类高地的文明之光、理想之光、希望之光。""当我在宁海的乡村里留下许多的脚印之后，我想说，毫无疑问，在那里，我真的看到了前方巨大的光亮。"

简平自己与死神抗争的故事，早就在业内传为佳话，大家都觉得他是英雄。这次，他勇敢地在这个领域内走出了新的一步，更是英雄的行为。他看上去很瘦小，却根本不是把家庭打理得巨细无遗的上海小男人，他心中总有大事，不写儿女情长，不写小资情调，而是刻画了一个伟大的时代。40年前，小岗村农民首先揭开了中国农村改革的大幕，今天，中国农民正在做一件可能影响中国未来的事情——建设新的基层政治文明生态。《三十六条》权力清单，打通了基层权力运行的"最后一公里"，是中国社会基层民主政治的一个探索样本。

2020年，我国农村将终结贫困。其实，贫困不仅仅是物质层面的，也是精神层面的，精神的脱贫与物质的脱贫应相向而行，可能这更为艰难，更为深远，也更有意义。

"人当永远在路上。一个国家、一个社会也当永远在路上。在路上，就有前方，就有希望，就有未来。"这话说的是国家，也是说他自己。从这段话里，我们能体会到很多。在改革的过程中，问题难以避免，关键是我们如何看待问题。在中国特色社会主义进入新时代之际，在全面建成小康社会的决胜期，我们不能当指手画脚的评论家，而要当勇于探索的积极实践者，深入一线，我们"看到前方巨大的光亮"，那就是我们未来的希望。

该书被中国图书评论学会评为2018年10月中国好书，它抓住了时代主题，描写了基层的火热生活场景，也是作家深入一线讴歌生活的典范。

（原载:《图书馆报》2019年6月14日第A20版，有改动）

心中的理想之光长明——读简平《唐吉诃德的战队》

简平兄又出新书了，这是继《聆听树声》和《在云端》之后，他出版的第三本编年体散文随笔集。

他的书我都读过，而且做了笔记，仔细品味，总有心得。日前听说他又出了新书，没有多问，拿到以后，才觉得这个题目很特别。

唐吉诃德的故事已经家喻户晓，大家如何看待这个虚构的人物呢？估计有很多不同的观点。

在大多数人看来，唐吉诃德是个疯子，总在做蚍蜉撼树的事情。而在我看来，他却是一种精神、一种理想的象征。

我的脑海里浮现出简平兄瘦小的身影，似乎觉得他就是唐吉诃德。虽然命运多舛，他却始终不服从命运的安排；别人看来他仿佛做着无谓的抗争，而我知道他战胜了命运。

第一篇文章《大人们什么都看不见》，就讲述了成人的世故和势利，他们对不平或不公的事情，看见了也只当没看见，闭眼转身。作为成人的作者，觉得羞愧，因为真的什么都没有看见。

《沈昌文先生的书房》一文，写的是我和他一起经历的事情。那天，我与沈公相约在咖啡馆，聊天，意犹未尽，然后沈公主动邀请我去他家里看书房，那独一无二、杂乱的书房，是我喜欢的那种真正读书人的书房，而不是媒体上到处宣传的"样板"书房。

在《我们的脚下满是尘埃》里，他通过几件事情，表达了自己对一些社会问题的忧虑。"但愿我们的心灵即便在这浮尘飞扬的世道中也能纤尘不染——沾了尘埃的灵魂会因沉重而堕落。"

简平是理想主义者，但也是脚踏实地的实践者。他在2016年至2017年间，用了近半年时间去浙江省宁海县生活，在宁海的乡村里留下了自己的脚印。他看到了一种别样的乡村面貌，对人民群众火热的现实生活有了切身的感受。《权力清单：三十六条》一书已经下厂印刷，期待早日问世。在城镇化过程中，乡村非但没有失落，村民们还在做着一件足以影响这个国家未来的事情——打造中国社会基层民主政治的理想样本。《宁海县村级权力清单三十六条》已被写入2018年中央一号文件，中组部向全国推广经验。

记得前年出版的《最好的时光》，不仅是他的个人自传，更是他对生命的思考。通过《唐吉诃德的战队》中的《坏日子与好时光》和《不知死，焉知生》，他进一步表达了这方面的观点："生命教育中，死亡是个不容回避也无需回避的题目，如果说死亡也是一门必修课，那么文学是可以帮助孩子学习死亡的，说到底，学习死亡的根本目的便是学习生命，学习幸福，学习勇敢。"

他多愁善感，文笔细腻，能随手记录所思所想，时而从平常的人、物、事中联想到深刻的哲理，所以才能在繁忙的工作之余如此高产，书中有不少都是他自己的读书笔记和随感。

看到书名，读到文章，我便认为这是一本理想主义的集子。全书始终贯穿了理想主义的思想，而将唐吉诃德作为点睛之笔。

读到最后，我果然在后记里看见了作者的自白："我是一个理想主义者，这是我一生所言所行的驱动力。如果没有理想，那我根本就是一具行尸走肉，根本不会勤勉奋争，根本不会勇往直前。事实上，在我心里始终闪烁着的是理想之光，尽管有时会那么黯淡，甚至有时会那么绝望，但即便摇摇欲坠，几近熄灭，还是如同唐吉诃德一般，屡败屡战，越挫越勇，虽然在现实面前往往四处碰壁乃至不堪一击，但却依然对前方怀有憧憬和企盼，彰显理想和信念、善良和正直的无上荣耀。"

我们很难想象，如果世人都没有理想，世界会是什么样子。科学、艺术、社会等方方面面的发展，大概都离不开理想主义。但是理想主义者多是痛苦的，因为他需要付出巨大的努力去实现自己的理想，可现实生活往往不给予他这个机会。从历史长河的宏观角度来看，理想主义者的目标最终都能实现，但需要许多代人的努力和奉献。一个博览群书、明知实现理想之机会渺茫的学者，还能义无反顾，这是需要一些精神的。

（原载：《北京晚报》2018 年 8 月 18 日第 21 版，有改动）

诗歌与人生

詹福瑞先生新书《诗仙·酒神·孤独旅人：李白诗文中的生命意识》，由生活·读书·新知三联书店于 2021 年 11 月出版。

李白对个体生命本质的体认，是通过光阴而获得的……他的诗文用逝川、流光、石火、春荣、秋蓬、逆旅、春殿、古丘等意象表现个体生命的本质，说明个体生命的本质在于瞬间的存在而终归虚无。李白对个体生命本质的深刻体认，给其心理带来巨大的焦虑，同时也为其人生注入了强大的生命动力。

詹福瑞先生是我的师长，他在做管理工作的同时，也不放弃学术研究，著作等身。在管理和学问方面，他都值得我学习。他的经历比较丰富，所以对人生有深刻体会。他说："读了我的书，就会对生死看得更清楚，就会更正确认识世间身外之物。"

这书很学术，因为其严谨；也很通俗，因为其人生主题。人生是每个人都正在经历的过程，认真的人都会思考。詹福瑞先生指出："对于个体生命的本质，李白没有提出任何理性的概念，但是，他通过个人的感受、体验和艺术表现，不仅触及个体生命本质问题，而且极为深刻。"作者选择了这样一个话题，也有其独特的意义。

我大概在小学的时候就开始思考为什么有"我"，所以长大后就比较多地思考人生的意义，于是也就读了很多哲学书。生命很可贵，生命很短暂，谁都想在有限的人生里过得更好，出于不同的目标，表现出不同的价值观。詹先生在后记里写道："人之肉身，十八岁长成；大脑的长成，据说在十七岁；而人之精神的长成，却是一辈子的事。对生命的认识，也需要人的一生。所以对生命的感悟与揭示，也是我一生的事业，不以论文形式发布，就是其他形式。"詹先生的话，给了我更多的启发。

我不敢对大师的作品妄加评论，更何况我也不是这个领域的行家。能从书中悟出一些道理，也算是有收获了。

（2022 年 1 月 26 日）

遇见"美"，传播"美"

爱美之心，人皆有之，只不过有的人偏爱外在美，有的人偏爱内在美，有的人兼而爱之。图书馆和书店，就是内在美和外在美相结合的典型。

如果说文化和旅游分别代表诗和远方，那么造访世界各地的图书馆和书店，就是关于"诗和远方"的美好旅行。其实读书本就可以使人"神游"，体验不同的文化和思想；可以使人"神交"不同类型的人，培养广博的见识与深刻的认知。旅行，让一切更进一步。

对美的热爱，对旅行的热爱，对读书的热爱，对摄影的热爱，使得那本独特的《因书而美：世界图书馆与书店漫游》得以呈现在广大读者面前。本书作者顾晓光曾说："我的职业是图书馆员、学术期刊编辑，一直与文字和图书打交道。摄影是没有文字的诗，它无法代替文字，却能够使人更好地运用文字，为其赋予更多可能。当摄影遇到文字，当摄影遇到图书，便是一件美妙的事情。"

打开这本书，我看到不少熟悉的照片，有一些是之前我在顾晓光那里看到的，也有一些是我自己到过的地方。在某种程度上，我也是受了顾晓光的影响——每次外出，除了完成公务，我总会去逛一逛当地的图书馆和书店。只不过我没有他那么执着，也少了些持之以恒与精益求精，也就没有如此系统而美妙的见闻。

《因书而美：世界图书馆与书店漫游》的涵盖面很广，不仅是地理层面的广，也是内容层面的广，书中收录的不仅有殿堂级的传统图书馆，也有时尚的现代图书馆，不仅有隐藏于市井街头的普通书店，也有在动荡与战火笼罩下不灭的"希望之光"。顾晓光能在不同的思维间自如切换，兼收并蓄，这难能可贵。通过这本书，我明白了一个道理：读书不分贫贱，没有国界。

平日与顾晓光交往，他这个人貌似随意，却外圆内方，非常勤奋，在学术研究之余还有众多成果产出，真的非常不易。这本书的行文很规范，外语用词也相当到位，还专门做了藏书票，堪称国际化的水准，完全可以发行到国外。图书馆员能做这样一本摄影集，并不多见，他好像是第一人。

图书馆美、书店美，读书的人自然也会变美，而且是内在和外在都变美。以图书为主题的摄影集本来就不多，视野涵盖全世界的就更少了，毕竟有机会到世界各地的人少之又少，能在行走中关注图书馆、关注书店的人堪称凤毛麟角。这本书"集大成之美"，与此同时，也记录了一个时代的真实风景。

书是人类进入文明时代的标志，而我们所处的时代，各种知识载体并存，印刷技术虽然高度发达，纸质书的阅读量却也达到了临界点。人们无法预知纸质书的未来，或许以后就没有用纸张印刷的图书了，或许以后根本就没有实体图书存在，那便谈不上有销售图书的书店和提供图书阅览的图书馆了。所以在这个时代，有这样一本书，记录着读书这件"美事"，一定会给后世留下珍贵且独特的记忆。也许在100年后，我们的后代会说："看，那时候的书是这样的，人们是这样读书的。哦，原来这就是图书馆，怎么还有专门卖书的场所啊？"

"全民阅读"已连续八次被写入政府工作报告，充分体现出政府对阅读的重视，但这需要有更多人来宣传、推广，让阅读深入人心。顾晓光的《因书而美：世界图书馆与书店漫游》，就能起到这种"润物细无声"的效果，在大众心中播撒阅读的种子。

　　试想一下，如果读书的人越来越多，我们的国家不也会越来越美吗？

　　（原载：《北京晚报》2022 年 1 月 22 日第 14 版，有改动）

一个孤独的跑步者的哲学思考

早就听说王志毅出了这本书，迟到半年才亲眼看见，迫不及待阅读，当面交流感想。《荒野无痕：跑步与存在》，由文汇出版社于 2021 年 5 月出版。

跑步的人都是孤独的，能忍受寂寞，而且有耐力，并有类似宗教般的虔诚感。跑到一定程度，会出现一个临界点，这时更需要意志力。

王志毅是一个不爱说话的人，我与他经常在一起，却总以为他有什么意见，不想说话。接触多了，才发现，他有时候会进入遐思状态，犹如跑步中的某种恍惚状态。当然，如果跑步过程中长时间恍惚，会导致危险，这是他告诉我的体验。

王志毅从 2015 年开始长跑，跑得如痴如醉，乐此不疲。书中涉及跑步的诸多方面，包括跑步时的遐思、关于跑步的哲学思考、跑步活动中的见闻，还有运动的社会存在与意义。

关于跑步的书很常见，关于哲学思考的书也不少见，但是把跑步与哲学思考结合起来写的书，却非常难得。据说村上春树和劳伦斯·布洛克等都写过跑步时的所想所思，但我没有读过。

王志毅认为，与跑步相比，"《老人与海》是最类似的文学意象"。我想起了我最喜爱的作家海明威的话："人生来就不是为了被打败的，人能够被毁灭，但是不能够被打败。"

我从小就跑步，到最近才有所减少。所以，我对跑步过程中的一些状态，也有亲身体验。一直想参加马拉松，总也没有下定决心，跑得最多的就是一万米。根据我自己的跑步经历，我认为人生犹如长跑，需要意志力，最后才能圆满。

结语《死在山上挺好的》，非常另类，与中国人的习惯思维背道而驰，却体现了王志毅独特的个性。他认为，挑战极限，也是挑战死亡。人类都有面对死亡的恐惧，而对死亡进行思考，是为了更好地活着。

王志毅小时候就有慢性疾病，被他人视为另类，也正是对疾病的担忧塑造了他的自我。人类不知道自己会有多长的寿命，所以无法合理安排自己的生活。于是，就会有人思考人生的意义。

王志毅认为，思考死亡，或者面对死亡的最重要的意义，恰恰是培养德性。许多优秀的品质，包括勇敢、慷慨、大度、诚实，甚至幽默感，都与死亡离不开关系。

长跑要靠耐力，跑到最后，即使身体已经疲劳，意识还不觉得很疲劳，多半是靠惯性在支持着继续往下跑。人生不也如此吗？

我与年轻人交流思想的时候，告诉他们人一生中要做几件艰难的事情，第一是要学习工作方法，第二是要锻炼意志。最难的事情都做过了，以后再遇到什么事情，就会知道如何处理。

我认识王志毅大概是在他刚开始长跑的时候，虽然经常见面，但总也不能了解他的内心想法。读了这书，觉得茅塞顿开。

（2022 年 1 月 3 日）

游子心故乡情：读任启亮《特殊的旅行》

任启亮先生又出新书，很意外，也在情理之中。

意外的是，他去年刚出了一本书，是与其他人的合集，我已经读过。在情理之中，是因为他平时积累很多，自然会有更多的成果。

之前读过的，主要是他关于故乡的文字，谈淮北的风土人情。虽然安徽省离我的故乡不远，但我也没有去过多少次。读了他的书，我增加了对这个地方的了解。任启亮说，"故乡是人生清晨出发的地方"。对他来说，从故乡出发，走遍世界各地。回望过去，我们依然能深深感受到他对那片养育过他的土地的眷恋。

这本文集，有更多关于家庭的文章，谈到他的父母如何把他拉扯大，又不图回报，读了让人很感慨。父母的为人，还有他们对后代的关爱和期望，都成为他日后发展的动力。

文字里没有直接的表达，但是却通过一件件小事情，透露出他对父母的感恩和怀念。

书中第二辑《绵绵情思》，不仅写了父母对他的养育，而且还提到了小学、中学、大学的老师，还有家乡的老领导。人走得再远，总有起点，每一步如何走过来，都不能忘记前辈的指点，这是我读这一部分的特殊感受。

他考大学的经历，也是我们这个年代的人所共有的。任先生比我年长，经历更为坎坷，考大学前后，也有过复杂的心理活动。读了这书，可想见他走出这一步有多么艰难，偶然中也有必然。

任启亮先生担任管理工作，各种杂务让人思绪纷繁，不容易专注，更无心情去整理。但他却总能苦中寻乐，不放弃儿时的梦想，在文学领域耕耘。有时候，即使在乘坐交通工具时，他也能留心观察环境，心有所得。离开了工作岗位，他仍在操心国家大事，而且尽管家务事缠身，还能抽出时间整理以往记录，难能可贵。

任先生的工作性质，也使他能在世界各地行走，自然有所思所想。他是一个勤奋的人，能随时记录自己的感受，于是总能落在文字中，分享给大家。我认识的朋友里，在各国任职的不少，我也曾经建议他们注意记录身边发生的事情，可是出于各种原因，能做到的还真不太多。

他书里提到的不少地方，我都没有去过，能有交集的，也就芬兰和挪威了。能引起共鸣的，还是他关于第一次出访的描述，那激动的心情、荣誉感，现在大家是无法体会到的。仅仅是出国前的置装过程，每个人都会有自己的独特经历。我自己第一次出国的情景，还历历在目。他走了那么多地方，将其与自己国家几十年来的发展做对比，总有特殊的感受。

书名取自其中一篇文章的标题，讲述远在爱尔兰的学子支持抗疫的动人故事。读完整本书，我心生感慨，任启亮先生的一生也是一次"特殊的旅行"。读万卷书，行万里路，是他在人生这个"特殊的旅行"中的精彩篇章。他不仅做到了，还记录了下来，留给后人。

（原载：《图书馆报》2021 年 10 月 29 日第 6 版，有改动）

读潘瑞良《伟大与平凡：吴庆瑞的故事》

最近获得《伟大与平凡：吴庆瑞的故事》一书，该书由新加坡吴庆瑞基金会于 2021 年 5 月出版，潘瑞良著，李志良等翻译。

作者潘瑞良博士，是吴庆瑞的妻子、知己和最亲密的朋友。

译者李志良与我短暂共事过几年，后来就去新加坡为吴庆瑞工作至今。1995 年，我从堪培拉返回北京，途经新加坡，与译者见面。

吴庆瑞博士身居高位，却平易近人，生活简朴，给我留下深刻的印象。书中收入了他与我国历届领导人的合影，说明他为改革开放发挥了积极的作用。

书后附录 1《排除万难的爱》中，作者讲述了自己与吴庆瑞走到一起的过程，正如标题所说的那样，非常不容易。吴庆瑞最开始向潘瑞良示爱时，她顾虑重重，也考虑了其他方案，例如做养女或者类似甘地的女门徒，都没有被采纳。她还对吴庆瑞进行了各种各样的测试，但他无一例外都通过了。吴庆瑞说："懦弱的人永远得不到心仪的女子。"

吴庆瑞博士，是一个很特别的人，几句话也讲不清楚。借用文前引用的阿尔伯特·魏森梅斯的话：

后人在这片土地上将会发现"新加坡"的字样，却不了解其意，也无法确定它是什么时代的文明。他们也发现了很多石碑，同样无法解读。然而，其中一个不断重复出现的名字——吴庆瑞，将会引起注意，他们会说："这个吴庆瑞一定是当时人们敬奉的神明，而所有这些工厂就是为了纪念他而建造的庙宇"。

（2021 年 10 月 14 日）

大雨未至

假日，有空闲时间阅读谢春枝的诗集《大雨未至》，此书由长江文艺出版社于 2019 年出版。

第一辑讲自然，是关于季节的变化、一草一木的随感。关于自然和人生的思考的段落，透出对人生的感慨，不少能引起共鸣。书名取自 2017 年的诗作《大雨未至》，讲的是人生多变的感受。

第二辑谈情感，特别是《简·爱》中的段落，"心似暴风雨坚强 / 你们不老 / 爱，才有希望"。

第三辑谈记忆。其中的《伤》，表现了人类的悲剧性历史。"轮椅上，金属和肉体达成和解 / 五十年前就认定了结局 / 但是几天前，他还眨动眼睛 / 用仅存的三根手指 / 预测人类逃离地球的方向"这一段，从伟大的科学发现中，感受到人类的渺小，和对自然的无奈。

《母亲，请将我们忘记》用特殊的手法，表达了对母亲的怀念："请忘记，志忑崎岖的进城路……请忘记，陈旧的小巷……请忘记，震耳欲聋的轰鸣……请忘记，那些枯守的岁月……如果，您一定要记忆，那就只记，外婆家门前的水塘……"

校园山脚下的树林，经常会传出琴声，这也总能出现在她的创作中。在《音乐笔记》里，她再次写道，"黄昏一直停留在冬季 / 红棉吉他，敦煌牌口琴，还有 / 人潮中悄然荡开的天鹅湖"。这也勾起了我学生时代的记忆。

在第四辑的《告别》里，我们能读到她更多关于自然和人生的思考。"其实，我们一直在告别 / 告别儿时的玩伴 / 告别檐下离巢的乳燕 / 告别天光沉落时突如其来的情绪……"

谢春枝是一个老师，一个学者，一个管理者。能出那么多诗文，说明她勤奋工作，也认真生活，仔细品味，记录感受。她在各地的见闻，也用诗文表达了出来。全世界独一无二的美丽校园、人文的情怀、梦想的年代、图书的熏陶，这都是作者创作的源泉。我无法想象，如果没有珞珈山上的这个校园，她还会成为诗人吗？读者估计也很难理清"资源整合"和"服务集成"与诗歌之间的关系。

读完这本诗集，我了解到她的第三个领域。当然，还有不少未知内容需要探索。

（2021 年 10 月 6 日）

完美的"科学家形象"

一个偶然的机会，我读到了严济慈先生的《法兰西情书》。

20 世纪 20 年代初，严济慈怀揣满腔报国情，与刚刚订婚的未婚妻张宗英作别，辗转到达巴黎，学习西方先进的科学技术。作为"理工男"，我从事过数学研究，热爱物理，也阅读了大量图书，对那个年代的事情有所耳闻，却从未看过如此详尽的记录。书中所写的不少细节，包括沿途各地的风土人情、法国的教育制度、个人志向的表述等，让我在深受教育的同时，也回忆起上学时的种种经历。

那个年代去留学，条件相当艰苦，四五年间，在法国病逝的同学有两百多人，故而严济慈一直坚持锻炼身体，维护身心的协调与健康。虽然他擅长数学、物理，但也经常抽时间阅读文学、戏剧类的书，发表了许多观点。谈到读书的感受时，他不仅有心得，还有对读书方法的总结。比如他在1924年3月2日写道："吾近所读书，多属杰作，且均在18世纪前者。盖读书尤当知择书，小说犹然。"同年4月14日，他又写道："数理繁重过于文学，此当非就两者本身立论，文学吾完不懂，吾辈读科学之不得其法，因而误以为繁重者吾颇能言其一二，他日有暇再及之。惟吾辈之所最觉苦者，则为前无去者，后有来者。"关于读书方法，他在1924年4月6日，写道："所云小说戏剧多取上选，为法文学之最优美者，多能予我一种心灵上的快慰，指示人生的途径，而毫不读普通肆坊所出之书籍也，此于吾辈少年颇当加慎，在法尤要矣。"同年11月25日，他再次提到"知识无涯，方法有限，创造全在于方法"。严济慈在读书的同时注意思考方法、总结规律，这是他进步飞快的重要原因。

当然，《法兰西情书》的主要内容还是严济慈与未婚妻的交流，以情书来表达爱慕之心和思念之情。远在他乡多年，能坚守这份感情，可见他们两人对爱情的执着。虽然"理工男"对爱的表达比较直白，但很有特点，例如严济慈用数学来诠释爱情，让我大开眼界。他也念念不忘父母的养育之恩，在信中引用了物理学家牛顿对家庭的看法。

除了情书，书中还收录了严济慈与科学界其他大人物的书信，包括居里夫人、法布里教授、克莱尔先生、卡巴内教授等。而严济慈在书信里谈论得最多的，除了双方的父母，还有何鲁、熊庆来、胡刚复等学界前辈，可以看出他是一个重感情、懂报恩的人。此外，他与许德珩、王云五、徐悲鸿等知名人士的书信，都是宝贵的历史记忆。

虽然科学是没有国界的，但作为一个黄种人，严济慈能在法国的一流大学崭露头角，着实不易。这既要靠天分与才学，又要靠刻苦钻研的精神，更要靠矢志不渝的报国之志——在异国他乡，严济慈体会到了国家的意义。他在1923年11月12日写道："虽科学为国际的，但我总愿于国际外做中国的科学事业。"1924年3月18日，他又写道："吾离国后方知我有一件东西叫国家，以及国家的可爱。"之后，他还为中国的科学发展提了一些具体的建议："惟以促进吾国科学之发达，首在研究所之设立，科学社方极力筹款，不日当能实现。"

由此可见，《法兰西情书》中包含了严济慈对家庭的感恩、对事业的追求和对祖国的热爱。一个科学家的理想要素，在他身上完美融合。

严济慈是个读书人，他的理想是"生不欲万户侯，但愿一握天下诸学者手"，同时也希望"我辈至少当在中国科学发达史上留痕迹"。经过不懈努力,严济慈的愿望实现了,"我辈"留下的不仅是"痕迹",还是浓墨重彩的一笔。

（原载:《北京晚报》2021 年 9 月 20 日第 14 版）

《清阅朴读》（"清读"）周年纪念

2013 年，我偶然去了青浦图书馆，于是就认识了张毅红馆长，也认识了他的小同事们，还见到了精美的杂志《清阅朴读》（"清读"）。

青浦图书馆的建筑有特色，由商业建筑改建而成，位于湖心，成为网红打卡地。张毅红副馆长，是一个有情怀的图书馆员，勤恳耕耘，不求回报。他们的阅读推广，还有讲座，都成为人们议论的话题。我认识的几个学者和艺术家，都曾经去他们的图书馆做过讲座。

《清阅朴读》名字很好，后来出于各种考虑，简称"清读"，只是用字号突出这两个字，还保留了过去的四个字名字，兼顾了各方面意见。创刊 10 周年，又见到周德明和范并思等大咖的文章。《清阅朴读》作为上海市图书馆学会阅读推广委员会会刊，之前我就经常在上面见到这些熟悉的名字。

《清阅朴读》有"树懒的天空""青图书摘""绘本大师""一小时新语""藏经阁""地方文献""微言微趣"等栏目。其中，我印象最深刻的是"树懒的天空"。在电影《疯狂动物城》还没有上映之前，就有了这个以树懒为名的栏目。看了电影以后，更觉得树懒之可爱。用树懒作为形象代言，特别能激起儿童的读书热情，这是一个独特的思路。

图书馆在"全民阅读"中大有可为，阅读推广工作任重道远。10年，对于一个孩子来说还处于童年，对于一份期刊来说已经羽翼丰满，可以展翅高飞。

每次去青浦图书馆，我都会有新的发现，而且也会看到新的面孔。我经常听张馆长说：谁结婚了，家住得远，再热爱这里也不能坚持了；谁已经受到提拔，成为骨干力量；建筑某个部分正在改造，下次肯定不一样了……

青浦图书馆硬件别致，软件过关，员工努力干活。它的未来发展，一定会非常美好。

我后来去了多次，以后还会再去。希望经常能见到张馆长，也希望她能有更大的作为。

（2021 年 7 月 30 日）

一个有趣的女图书馆员在《朴素光阴里》

有幸得到李敏的新书《朴素光阴里》，其由团结出版社于2021年2月出版。

一个图书馆员，出生于北方的女性，在南方生活，各种经历，都保留在貌似随意的文字里。

全书分为"今夜，我为你开放""等一朵花开""美酒珍馐值万钱""情色中年自寻欢""衣带渐宽终不悔""螺蛳壳里做道场"等部分，收入作者的几十篇短文，涉及生活的方方面面。有一些文字，我与她有共同点。例如"二月二，龙抬头"，我也写过类似的文字。还有关于南北饮食的比较，我也写过一些。

我去过深圳多次，对那个城市印象深刻。从小渔村发展成如今多元化包容性的大都市，是难得成功的范例，其他城市想复制，都很难成功。所以说，这个城市的人，都有特殊的气质。

70 后，已经人到中年，自然对人生有所感悟，而又不失对生活的追求。我感觉，这书就是这种年龄的女性对生活的态度，外向而不张扬。章节小标题都吸引眼球，貌似有深意，感觉作者非常开放。究竟如何，大家仔细去品读即可。

对于大多数女性作家，爱情和婚姻是永恒的主题，李敏的书里也有不少相关的文字。不过她的思想前卫，而文字却比较温和。

李卫璋特意为本书而画的彩色插图，很有特点。淡雅的动漫风格，透出少女般的幻想。

李敏之前用笔名"阿米"创作，这次原计划用笔名，最后却用了真名出版，仍用笔名作后记，想必有其用意。

都市生活，也许是不少人向往的，但其实也很平淡而无奈。作者的生活追求，是成为一个有趣的人，与财富无关。这个说起来容易，做起来貌似很难。读者可以先阅读她的书，再谈感想。人生苦短，贵在有趣。

我去深圳的时候，她还没有到图书馆行业。下次再去，一定当面见一下这位才女。

（2021 年 7 月 25 日）

才女麦铃：晒自己的故事，让别人去涂防晒霜吧

　　节前收到杭州才女麦铃的快递，里面有一本书，叫《晒太阳》，看到书名就觉得很有意思，书名后面有一句"晒自己的故事，让别人去涂防晒霜吧"，不知道该将其作为副书名，还是说明性语言。我看有图书馆员就把它作为副书名了。

　　从事金融工作的她，平日和普通白领一样，朝九晚五，压力重重，却能留给自己一片宁静的天地。大家闺秀的小资情调，不求张扬，独善其身，远离这喧嚣的尘世。正如她自己说的那样，"麦铃就是一个平常、平凡、平淡、平平、平实、平庸，甚至平胸的女人"。

　　第一次看到麦铃这个名字，觉得很奇怪。因为我 4 年前去过杭州西溪创意园中的麦家理想谷，就马上联想，她是否和麦家有关。后来我才知道，在她最美丽的时候，曾绰号为"野麦岭"，或许那时候她就如同电影明星那样光彩夺目，小

伙子们回头看她时都如此惊叫。在《莺飞草长四月天》里，作者写道："真没想到！真没想到！鲁总的老婆有那么好的气质！那么的美貌！"说的就是她自己。

麦铃记录的其实都是平时生活中的琐事，涉及世间风情。但作者独特的叙述手法，总令人发笑。例如，《女大不中留》等文章，都是关于红娘牵线的故事。我也是热心人，但从来没有成功过。麦铃讲的故事里的主人公，不少我也遇到过，可是我没有留心把他们写出来。男女、婚姻、家庭、恋爱等，或许女性对此类问题的观察更细致，表达更到位。平时大家经常遇到的，在麦铃的笔下就显得很不一样，让人有阅读的欲望。自然，也少不了有一些段落，谈到自己的老公和孩子。仔细阅读全书，可从蛛丝马迹中分析出作者的工作情况和家庭背景，于是一个活生生的形象就自然浮现于脑海里。

坐办公室的人，自然有不少办公室里的故事。上下级、同事、人事、生活等方面，她都有所提及。我曾经也写过不少关于招聘的体会，而面试在她的笔下，则是另一种风格。令我意外的是，她竟然能做主留下一个本来无望聘用的小伙子，而且事后也不想让别人知道这段经历。

麦铃继承父业，在工作之余，喜欢绘画，也设计一些布艺品，挽救濒临倒闭的工厂。这样的人，自然对穿着非常在意。在"闲说剩衣"那部分里，她就谈了关于服饰的各种见解。文章谈到 MSN，感觉是"博客"初期的事情，现在她是资深博主。她 2012 年出版"博客"书，比我还早，应该比我更资深。在《从男人的梦想说起》一文中，她提到"男人心目中的风景当然都是在远方"。诗和远方的关系，也是家庭和事业的关系，人一生都在思考探索，但似乎总也没有标准答案。这个关系，在当下就体现为文化和旅游的融合，也是我们工作的主要话题。

有人评价，麦铃喜欢"嘚瑟"和"八卦"，这其实也是她自嘲的用语。我刚认识她时，她就到处"嘚瑟"，我感觉比较特别。本书的书名《晒太阳》，其实也就是"嘚瑟"的意思。一般来说，"嘚瑟"貌似是贬义，形容喜欢炫耀。而麦铃则勇敢地公开"嘚瑟"，走自己的路，让别人去说吧；如果不想被太阳"灼伤"，就自己"涂防晒霜"。轻松的文字之间，体现出她的价值观和生活状态。晒自己的故事，让别人去涂防晒霜吧。

还有一句也是麦铃所说："愿我的手绘书签不但能成为读者的裤腰带，而且不会辜负您每次翻开书时的遇见。"这句话是呼应美国作家、评论家、书签大藏家埃德蒙·威尔逊的话的："有书无签就像穿裤子没系腰带一样，哪儿掉的就要记得从哪儿提起来。"

前文提到节前曾收到麦铃的快递，里面除了书，还有她的手绘书签，一眼看去，顿时就让我感觉清新的空气，悄然飘至。

我收藏了不少书签，但是裤腰带的说法还是第一次听说。这个比喻很直观，接地气，通俗易懂。特别是书签上那根穗绳，很容易让人联想起裤腰带。有一些书签本身就没有穗绳，看起来是不够完整的书签。而有书没有书签，则是不完整的图书。

书签本来是为了标记阅读位置，后来成了艺术品，或者某种宣传品，甚至收藏品。好的书签，根本让人不舍得使用，而是拿来欣赏的。

书签是印本书文化的一部分，以后会继续发扬光大吗？

看到麦铃的书签，很想读她的书，甚至想见本人。这些事情，以后随缘。

（2021 年 2 月 16 日）

背着大象上街

　　最近意外收到一本图书，是上海作家唐小冲的《背着大象上街》。书名很特别，我忍不住找到同名的文章一读，它源自 FM103.7 广播节目里的一个故事。作者认为，"这个世界，并不缺乏聪明人；但是生活，有时也需要人们背着大象行走。也许，我就是这样一个背着大象逛街的笨人。而笨人在心无旁骛的习惯与坚持里，也能收获到很多单纯的快乐"。

　　作者从心理角度总结了背象人的故事，我表示同意。不过从我的人生体验来看，不仅是心理上的快乐，往往各个领域里成功的人，都是"笨人"，也就是这里所说的背象人。

　　唐小冲是笔名，她自己从事大学教学工作。小时候在北京，后来去武汉，最后定居上海。这几个城市，都是我非常熟悉的地方。所以她的书里面提到的地方，我都能找到共鸣。

男女情色、女性心理、婚姻和家庭，都是女性之间交流的话题，自然也是女作家写作的主题。作者见多识广，善于分析，因此也容易针对这些问题写出自己的看法。对人生看得很透，才能有如此体验。例如在《嫁好事小，饿死事大》一文中，她就针对"什么叫嫁得好"这个问题提出自己的观点。到底是生活自理算嫁好了，还是身边有成功男士算嫁好了？如果自己都成为成功男人的助手，那为什么还要嫁人？大家读了自然会有自己的看法。

理工科高才生，语言犀利，文字直白，甚至多次提到女性某个身体部位。她自己戏称"庸俗"，其实是用不同的语言来表述同一件事情而已。她看问题透彻，也有自己的生活态度，符合常理。人性虽然丑陋，但也要直面，不能过分解读。

我读书，不按顺序阅读，而是挑最吸引眼球的文章开始。当然，都是短篇，互相之间没有必然的逻辑关联，所以用零碎时间，也就读了很多，并不烧脑。

作者是一个与众不同的人。在上海马路上游荡的时候，会在牛仔裤的后裤兜放上两百元，是给小偷准备的，做试验用。甚至试验成功后，还考虑是否再加 50 元。这一般人能做到吗？在物质损失的同时，她收获的却是精神的乐趣。

记得前几年去上海的时候，见过作者，还有合影，并留了联系方式。后来没有太多交流。读了这本书，作者在我心中的形象，变得立体化。下次见面，再当面请教。

（2021 年 2 月 11 日）

读邹进《蒙古历史拼图》

　　认识邹进多年，知道他大学读中文专业，爱好写诗，下海创业成功，遭遇波折，又重整旗鼓，是业内的争议人物。

　　在如此繁忙的管理工作之余，他竟然爱好写作。首先是出版了《为美丽的风景而忧伤》《邹进诗集：它的翅膀硕大无形，一边是白昼，一边是黑夜》等多本诗集，后来把自己创业的历史档案都写到书中。现在转而开始研究历史，开设了微信公众号，每天发表一篇文章，汇集起来就成了一本书。

　　拿到社会科学文献出版社2019年出版的《蒙古历史拼图》时，我觉得很惊讶，他怎么又开始搞起学术来了？

　　作者自己在前言里写得很明白：

　　我下乡的地方早已汉化，一个村子里的人，讲的都是山西话，都是走西口过来的。我们村里没有一个纯正的蒙古人。

我却实实在在感到我的身体里有蒙古族的基因，情感上也有蒙古情结。我骑马、唱蒙古歌，我想学马头琴、跳蒙古舞，想学长调和呼麦，我想去学蒙古语。以上种种，我也知道能学会一样就不错了，可能一样也学不会，但有了这些内容，我未来的生活一定会饱满充实。

当你读完这本小书，每天记住一个关键词，你就能了解这是一个什么样的民族。它在12世纪的时候，还是一个小小的氏族，会不经意地沉淀在历史的长河之中。然而，在一个人的带领下，它从一个姓氏家族到部落联盟，到一个国家，再到一个帝国，统治了当时已知世界四分之三的地区和人口。这样的人再也不会出现了，我们只能从历史中找到他。为什么要去寻找这位英雄，我也很难说清理由，是为了唤醒业已消沉的激情，还是要证明我们体内雄性荷尔蒙的衰退？

我身边有不少蒙古族的同事和朋友，但我不太懂历史，更不熟悉蒙古历史。无法想象，被认为"只识弯弓射大雕"的成吉思汗，创造了多么辉煌的帝国。它的兴起和衰落，都是很值得我们思考的问题。

作者自己也说，他的书写的不是历史。大多数人都只想了解历史，并不想去研究历史。在一个碎片化和快餐式的时代，作者试图创造一种新的阅读方式和阅读体验。

有官员觊觎学位，有商人用书本点缀。对于邹进来说，这些东西都不难得到。从他的言谈和文字可以看出，他真是出于对写作和研究的热爱，而无任何功利的目的。看到他如此充沛的精力和丰硕的成果，我的思维开始发散，猜测他是否也想证明自己体内荷尔蒙的存在。

（2020 年 9 月 4 日）

初秋读"秋风"：石中英《我爱秋风劲》随感

最近利用点滴时间，阅读了一个朋友转赠的香港作家石中英新作《我爱秋风劲》，河北教育出版社 2020 年 6 月出版。

这是包含 60 篇短小精悍、富于张力的珍贵故事的短篇随笔集，创作于 20 世纪 70 年代，都是作者对火热青春的真诚回忆。

作者因成长道路特殊，对人生产生了深刻的反思，对当时的香港底层民众产生了深切的同情。他否定了那个可能"成为旧世界殉葬品"的自我，走上了一条"或许对大众有用"的路。他为在社会底层扎挣、遭受不公待遇的人们洒下同情之泪，为误入歧途的青年，为迷失在"禅""空""花"中的朋友惋惜、怅然。他在平凡、"卑微"的工作中体会到劳动者的价值和尊严，劝导得不到抚恤的劳工不仅要争气，更要争"理"。他鼓励迷途的青年寻找真正的自我，创造属于自己的新世界。

文章没有提到故事发生的具体时间地点，但是我可以体会到他在那个年代，奔波于内地、香港、台湾三地的不同感受，当然书中的大部分内容是关于香港底层生活的。

我读过不少书，但还是第一次读到香港本地居民写作的带有如此左派思想的文章。作者出身豪门，却如此关注最底层的生活，甚至背叛了自己的家庭。在《不孝》一文，他谈到了与父辈之间的关系。家中为他备钱安排升学，他却偏偏拒绝好意，跑到了社会底层的劳苦大众中间，甘愿当他们的小学生。"父亲老了，但我却离开了他，离开了他要我走的路，去亲近和爱护他不愿我去亲近的人，他鄙视的人，他仇恨的人。"作为无所畏惧的热血青年，对于"孝"这个字，他也有自己的独特理解。

他的文章里，提到了底层的各种人物，例如抡大铁锤的工人、挤电梯的报童、失学的女孩、恋爱的中学生、为"报恩"的"笼中鸟"、盼望统一的"野孩子"、一辈子当牛做马的茶楼"企堂"、断手的孩子、"不敬"的码头苦力、十三四岁的小校工、摆残局的失业者、"遗传"的断指小伙、海峡对面的"雨夜花"。此外，还有《国际歌》、《红灯记》、周总理、鲁迅、祖国、社会主义等我们熟悉的字眼。我一直以为香港是一个花花世界，现在才知道还有如此多的劳苦大众，这些文章使香港展现出一幅不一样的画卷。

（2020 年 8 月 21 日）

一个时代的文化生活记录：
读王炳南《那些年，那些人：我与名人》

一个偶然的机会，获得了王炳南所著的《那些年，那些人：我与名人》。

乍一看书名，还以为是一个追星族的自白。拿到书以后，才发现完全是另一个样子。

王炳南，1939年生，盛泽新生丝织厂创办人王鸣泉长孙，新生厂继承人王雨生长子。他在盛泽读过几年小学，长期在上海学习、工作，从教四十载，退休中学教师。他擅长油画、民族乐器、戏曲评论、写作，曾在各大报刊发表多篇戏曲评论和杂文。在上海市盲童学校工作期间，他与人合作编写出版了中国第一本盲字乐理教材。

作者年轻的时候家境殷实，做教师之余喜欢拉琴、画画、写作，颇有见识。晚年是京剧名琴票，达到专业水准。

为什么他会认识那么多名人？其实，有不少特殊的机缘。他中小学时候的教师刘咏、邓白丁、郑定乐，在之前都是民间高手，有合适的时机就脱颖而出。在这种环境下受熏陶，一个文艺青年也就成长了起来。

例如，作者的小学音乐老师刘咏，上课不光教唱歌，还讲乐理知识，讲音乐家故事，欣赏音乐唱片，恐怕有一些中学的音乐课都不会讲得这么深，有时候刘老师还请几个朋友过来重奏，令孩子们大开眼界。1956 年，作者听上海交响乐团演出，看到节目单上有刘咏的名字，不敢相信就是过去的老师，直到演出开始后才确认。于是，他在演出后到后台去认老师，老师后来约他单独见面，听了他演奏二胡以后，言简意赅地进行了指点，使他终身受用。

又如，初中老师郑定乐，教植物学和动物学课，还教代数和几何。后来，郑老师还主持编写《法汉词典》，说明其在法语界的地位。

从作者的学习经历，可以看出当时的学风、教师的素质，也说明当时的富家子弟不都是吃喝玩乐的"白相人"，相当一部分都有文化和艺术素养，还有很好的道德品行。

作者读高二的时候，向《新民晚报》投稿，写了一篇《只顾前不顾后》的文章，批评剧场管理不善，散场秩序混乱的状况，1956 年 7 月 18 日就发表了。第一次投稿，一举中第，对作者是一个鼓舞，也使得作者找到了另一个发展方向。

书中提到了作者拜梅派京二胡大师朱庆祥为师的故事，一方面体现了其作为学生的刻苦和执着，另一方面也说明了老师的名家风范，清高而无铜臭。我们也由此了解了作者为什么会在京二胡领域有如此高的水平。

在与新华艺专教授钱鼎交往的事情中，他提到了钱先生关于裸体人像的见解，钱先生还有一个以前的外国学生，住思南路，家里有人体模特，钱先生带作者一起去"开眼界"。后来那画家交不起房产税和地界税，就回法国了。

1956年到1966年期间，作者除了做教师本职工作以外，主要是写作投稿，还参加业余民乐队训练演出、京剧吊嗓伴奏及研读戏剧理论等活动，从中交往了一些名人。

1977年至1984年期间，作者在上海市盲童学校工作，教语文和音乐，也教民族乐器，指导训练一个盲童民族小乐队，并编写了《盲字乐理基础知识》。小乐队经常接待外宾，因为演出成功，得到日本客人的称赞，于是就有了两次出访日本的机会。本书中，也有作者出访前后的详细回忆，例如如何邀请，如何报批，如何组团，还有礼品、服装、护照、外汇、零用钱等，每一个细节，都是那个时代涉外工作所特有的事情，正史中未必有记载。

这本书，是由他晚年亲自回忆讲述，其儿子王尔立整理成文字并出版，可谓一部个人口述史，更是一个时代文化生活的记录。这样的氛围，今后或许无法重现。我惊讶的是，作者的记忆惊人，文章里包含不少细节，令人赞叹。

在回忆的同时，作者也对一些文化现象表达了个人的观点。例如，关于上海"老克勒"，作者认为，应该是"老克拉"，"克拉"是英语"Class"的音译，级别的意思。"老克拉"是指：从前经济、生活、文化层次、职业地位上级别高，现在有点落魄的人，而不是我们大多数人理解的那种浮夸炫耀的公子哥儿。

虽然每篇文章侧重谈一个人，但是作者总喜欢在其中插入自己的一些观点和见解，还有对历史背景的描述，串联起来是一幅文人雅士的风景画，栩栩如生，展现在读者面前。

（2020 年 8 月 14 日）

我们总在寻找生命中的伙伴：读老生《森林的孩子》

我们是 / 森林的孩子 / 夜是我们的外衣 / 纱一样的雾 / 在林中弥漫的时候 / 我们开始 / 飞翔 / 穿行在夜色里 / 尽情吟唱 / 你可曾听到？

老生 2015 年的诗集《森林的孩子》，是一本很特别的书——由体制内的另类作家，自娱自乐，自写自画而成，竟然有人主动联系出版，而不识庐山真面目。特别的装帧形式，少见的锁线装毛书，前后加硬纸板。封面设计是小朋友做的，绿色主题，脑洞大开。宁静的世界，无边的遐想，诗意的境界，不正是我们求之不得的吗？

他的如下诗句，说明了自己的想法：

一个诗意的民族 / 在岁月里迷失自己 / 美好的音调与韵脚

被抽离 / 语言退化为表述交易的符号 / 像是美丽的少女 / 被贩卖到奴隶市场

趁我们还有诗性 / 捡起那些珍珠般的文字 / 还给那天空做点点星光 / 还给那森林做点点萤光 / 重新滋养这片土地 / 让我们永远诗意地栖居

从事管理工作，能有如此雅兴，而且思维不受约束，非常难得。读这本书，能感受到人、自然、动物之间的和谐关系。我想到了印度诗人泰戈尔，他也是在大自然中探索童心。保持童心，可以接近自然，发现美好，是创造的重要因素之一。

诗集的前半部分"每一片叶子上都有一个故事"，通过成人的视角，写出了孩子的内心活动，说是给孩子看的，其实也适合一直没有长大的我们。这部分细分为春（寻·伙伴）、秋（悟·感知）、冬（智·止战）、春（爱·希望）四个部分，每部分各15篇，以一个字为标题，每篇都配图。

《螺》

森林里的小河 / 永不疲倦地奔跑 / 从遥远的远方 / 带给孩子们各种惊喜 / 午后在河里游泳的孩子 / 被什么东西扎到了脚

/ 在阳光下仔细观察 / 有点像小个子的蜗牛朋友

风吹过的时候 / 有飘渺的音乐隐约在四周 / 犹豫的耳朵凑在开口的地方 / 奔腾的旋律鼓荡着头发

听到那海图 / 心中升起异样的渴望 / 炽热的目光望向小河的尽头 / ——那里，是大海啊

后半部分诗歌"我们都需要一片可以躲藏的森林"，一小部分——寂（静·欢喜），包含30篇，也用一个字作为标题，竖版印刷，配有文字说明。说是写给成人看的，却同样清醇而宁静。在成人的世界里，童年从未料想到的各种丑陋，都以不同形式出现了，我们需要躲藏起来，思考生命的意义。童年时设想的那个小小的世界，真的不存在吗？作者写诗，说的是自然界，指的却是人间万象，须细细品味。

在《蝶》中，他如此写道：

亚马逊的蝴蝶振动翅膀 / 古老的东方大陆开始下雨 / 当当的钟声敲响在新大陆 / 阿里巴巴在东海岸高喊芝麻开门

江南的乌篷遮不住秋阳 / 古老的石板路被数字标识 / 所有人都在低着头仰望星空 / 所有人都在互相聊天却不看彼此

蝴蝶停在海上的帆顶 / 和水手一起憧憬彼岸

我们依稀可以看到信息时代的生动图景。

在这喧闹的世界里，我们需要宁静。安静给了思想者一个机会，安静让思想还世界以清醒，安静让世界重新找回自己。安静不是放弃，不是退让，不是无奈，是前行的力量。这是作者的思想，也是我读这本书最强烈的共鸣。

作者还有一些未收入书中的诗作，例如《果》，蕴含佛教思想、人生哲理，令人深思。其实，作者的积累很多，应有更多的诗作问世，也期待能读到新的诗集。

作者给我的题词，意味深长："顾老师：愿您的每一天 / 都变成一片美丽的叶子 / 所有的日子 / 长成一棵写满密码的树 / 藏在叶脉里的故事和知识 / 随风远播。"

我是否也该有一片自己的"森林"呢？

（2020 年 6 月 27 日）

老甘和泰戈尔的《萨达那》

我年轻的时候喜欢泰戈尔的诗，收藏了不少，特别喜欢的是《飞鸟集》《新月集》《吉檀迦利》，还阅读了《园丁集》《游思集》《情人的礼物》《茅庐集》《孟加拉掠影》等。

美国学者甘乃元（Jerome Cavanaugh）知道我有这个爱好，就从旧书店里买了这本书送我收藏：《萨达那：生命的实现》（*Sādhanā : The Realisation of Life* [Rabindranath Tagore，New York : The Macmillan Company, 1922.]）。

麦克米伦出版社同时在英国和美国出版了这本书，而美国的版本更小一些。这个小小的精装本，已经将近有100年的历史了。按过去的说法，满百年的书就是善本。但现在随着社会进步，100年的书，已经那么珍贵了。旧书店里购买，大概也不会超过10美元。

那是泰戈尔的《萨达那》，不过该书还有不少其他译名，例如：生命的证悟、人生的亲证、人生论等。

泰戈尔的诗歌，是东方神秘主义的代表作品，其理念与西方的理性主义形成鲜明的对比。就如当下大家关于西医和中医之间的争论，都很无畏，还是多读一些书为好。

泰戈尔在前言里介绍了自己的成长经历，自然是深受印度宗教文化影响。在最后我还是想写上一笔，萨达那（Sādhanā）这个词的重音，应该是在第一个音节，发音更宽广一些，估计也是字母 a 上有一个发音符号的意义吧。

我查了一下，图书馆有这本书晚一些的版本，于是自己就收下了。如果图书馆没有，我也会直接给图书馆入藏。话说从事图书馆采访工作，个人和图书馆之间的关系总也讲不清楚。一般而言，别人送我个人的书，如果我查到图书馆没有，就直接转图书馆入藏，也不需要任何捐赠证书。身外之物，身不带来，死不带走。独自拥有，不如众人分享。

该书的书名页前有之前拥有者的签名，还有一个印章，估计是更早的拥有者或者是书店的地址，已无从考证了。

甘乃元先生于 1975 年在美国斯坦福大学获得博士学位，是中国通，人称老甘。他经常往来于中美之间，在南方还有干儿子。他帮我们找了不少旧书，补充馆藏。

很久没有见老甘，祝他健康。

（2020 年 3 月 7 日）

浪漫的不只是旧书

两个月前得到浙江大学出版社启真馆的新书《旧书浪漫：读阅趣与淘书乐》，正好碰上周末开会，就抽空在路途和休息期间阅读了。

做了一辈子关于书的工作，能读到关于书的书，也是一种乐趣。这本书文字不多，也就 10 多万字，但是插图很丰富，占了一半以上的篇幅，吸引眼球。这些图包括书店的布置和见闻，还有各种图书的设计。所以说，这本书本身就很"浪漫"。

作者在后记里说道：

都是浪漫惹的祸。

尤其当你走入一家钟爱的书店，便宛如漫润在一片知识的书海。漫游于书架之间，尽管你根本不可能读遍每一本书，甚至连许多书名也只是匆匆一瞥而过，却会令你萌生一股狂喜的晕眩感，而你仍然兴奋不已，仿佛已经获得了全世界。

作者特别喜欢法国文学，所以文中介绍法国作家、法国图书、法国书店的内容不在少数。例如关于《恶之花》，就有多种角度的论述。对我这种比较挑剔的人而言，我会仔细核对拼写，发现其基本上符合规范。该书图文并茂，我非常喜欢。不过第 237 页描述《追忆逝水年华》不是很严谨，把副书名作为书名了。

读到后记中的文字，"谈及藏书癖的感染、爱书的情怀，往往能够跨越不同语言文化之间的隔阂，这也是我虽然完全不懂法文，却仍常爱去逛信鸽法国书店的主要因素"，我才知道，作者不懂法语，却对法国文学有如此强烈的爱好，而且文中引用法语的段落，已经非常准确了。

作者认为："唯有爱书人才知道：文字比口头的话语更深刻，文字的想象比现实更精彩。"这个境界，一般人是达不到的，一定得是读书人，而且还要足够文艺。

（2020 年 3 月 6 日）

《费孝通晚年谈话录》读书笔记

认识张冠生先生多年，总能得到他的新书，还写了几篇书评。

2019 年，他整理出版了《费孝通晚年谈话录》。我听说之后，就一直很期待。因为我太忙，好几次活动都没有参加，所以迟了差不多半年才拿到书。

拿到新书，才知道这本书那么厚，共有 821 页，近 70 万字，拿在手里沉甸甸的，如同一块砖头。要整理这么大一本书，需要耗费多少精力啊！

1996 年国际图联大会前夕，我和常务副馆长唐绍明先生一起去小西天附近的费老住所拜访，想请他在国际图联大会上做主旨报告，并为《光明日报》"名人与图书馆"栏目约稿。不巧的是，那天费老正好临时外出。在院子里遇到的钱老，却热情招呼我们进屋小坐。我们参观了钱老的书房，我也完成了对钱伟长教授的采访。

后来，费老的采访稿也发了，主旨报告也做了，就是和我没有什么关系。

认识张冠生先生以后，我跟他提起这事情，因为他那时候正是费老的助手，所以也知道一些。

张冠生先生多年来重视保存各种资料，笔记、图片、录音，都是有价值的东西，不舍得随便处理。整理笔记和录音，都不是容易的事情。笔记潦草，录音不清晰，说话还有口音，不知道要重复多少遍才能弄清楚。

张冠生先生把自己对费老的表白，如实记录了下来：

尽到最大努力，能给您当个合格的书童，把助手工作做得及格，就算有造化了。费老您不知道，我从小就听母亲经常念叨"费孝通钱伟长，费孝通钱伟长"，为你们被打成"右派"鸣不平。她不太有文化，但对文化人很尊重，尊重有知识、有专长、有贡献的知识分子，是从前中国老百姓"敬惜字纸"那样的心理。我居然能有机会为您做助手，或许是母亲念叨来的缘分。我很珍惜，明知心有余力不足，还是上了架，用老话说"不揣浅陋"。所以，能做好助手，就谢天谢地了。

王韧先生在跋中写道：

1990 年，费老在日本朋友为他祝贺 80 周岁生日的时候，提出了著名的"各美其美，美人之美；美美与共，天下大同"十六字箴言。二十多年过去，领会、理解、感佩的人越来越多。认真读过他文字的人多会感受到有领略了某种深刻的愉悦。他的许多观点今天已愈加重要也是显见的。但是很少有人知道这些深厚的言论如何得来，以致一些人认为他只是断言，而没有思想体系。

"文化自觉"，不仅是知识分子的学术修为，不仅是"各美其美"的方法论，也是在回答"中国向何处去"的时代问题，因为中国向何处去首先是中国人向何处去！他为此用"行行重行行"总结了自己一生的学术轨迹。

这些问题，都是我们这些年经常思考的，也没有想过其来源。

费老早期做田野调查，其故事非常感人，其成果也确立了他在社会学领域的地位。晚年，他赴各地考察，其实也没有忘记自己的本行，一直用学术的态度来思考中国的问题。对中国社会的特点，他认识得非常深刻：

客观上看，这是个不肯变动的社会。就像我们的老一辈，每天怎么样生活是格式化的，不用去想。比如我父亲，到一个固定的时候，去茶馆，其他朋友也都到那里去了。不用事先约的，都是一定的，是生活规律性决定的。从生到死，有一个程序，必须照这个去做。这个程序和它的结构，被马老师发现了，讲出来了，描写出来了。

我认为，这样的书很有史料价值，属于口述史范畴，为后人深入研究历史提供了一手材料。通过这本书，我们也可以了解费老晚年的所思所想，以及某些思想的发展脉络。我看到最多的，就是农民问题和文化问题。没有人为加工的文字，最可信。当然，谈话录形成正规的文字，自然也会有信息损失，这在所难免。

冠生先生的工作，给了费老一个完美的交代，也给后人留下一份遗产。

（2019 年 12 月 22 日）

图书馆界口述史的一部力作——评《口述史理论与实践：图书馆员的视角》

　　国家图书馆研究馆员、中国记忆资源建设总审校全根先撰写的《口述史理论与实践：图书馆员的视角》近日已由知识产权出版社正式出版，这对于中国口述史界特别是图书馆界来说，都是一件值得关注的事情！

　　千百年来，图书馆一直履行着保存与传播人类文明的重要功能，同时图书馆本身亦随着文明的不断进步而改变自己的面貌、拓展自己的职能。当代图书馆面貌与职能的一个显著变化，就是记忆功能的回归，即不再满足于作为一个文献保存与传播的文化机构，而是主动地投入活态的口述文献的抢救与记录之中。

　　口述文献受到人们的普遍重视，自然与口述史学的蓬勃发展密切相关。口述史学作为历史学的一个分支学科，诞生于 20 世纪 40 年代。美国历史学家 A. 内文斯创建了历史上第一个研究口述史的专门机构——哥伦比亚大学口述历史研究室，这是现代口述史学诞生的一个标志。此后，口述史学迅速在全球范围内开展起来。

口述史学自诞生之日起，就远远超越了历史学的研究领域，可以说图书馆一直是口述史项目的重要探索者、实践者。许多国家的图书馆尤其是国家图书馆，相继启动了国家记忆工程，如美国国会图书馆的"美国记忆"、英国国家图书馆的"国家生活故事"、德国国家图书馆的"我们的故事——民族的记忆"、荷兰皇家图书馆的"荷兰记忆"、日本国会图书馆的"日本年历"、新加坡图书馆管理局的"新加坡记忆"等，当然还包括中国国家图书馆的"中国记忆"。

目前，中国图书馆界业已开展了多个口述史项目，成绩喜人，积累了许多有益的经验。不过，总体而言，仍存在一些问题，诸如对口述史学的理论研究相对不足、口述史采访水平参差不齐，口述文献整理缺乏规范，口述史采访成果发布相对滞后、共享程度不高等。因此，全根先此书的出版，非常及时，为当前图书馆界开展口述史理论与实践提供了具有借鉴性、操作性的一个阶段性成果。

我与全根先是同一年到国家图书馆工作的。数十年来，尽管他的工作岗位曾有过调动，但是，他始终在学术研究领域辛勤耕耘，在什么岗位，就会钻研这个岗位的工作，并取得不俗的成绩。本书是他担任中国记忆资源建设总审校以来深入研究与实践的成果。本书所收文章二十余篇，包括他5年多来撰写的口述史学论文、口述文稿、访谈心得与感悟等，并附有两篇接受媒体采访文章，内容丰富，文笔优美，可读性强。

值得一提的是，著名历史学家、北京师范大学资深教授刘家和先生，和当代发明家、"五笔字型"发明人、"改革先锋"王永民先生为本书撰写序言。德高望重的学者、科学家的这两篇序言为本书增色不少！

（原载：《图书馆报》2019年11月29日第19版，有改动）

数学与情绪：一个独特的话题

我们通常认为，数学是逻辑性的学问，而日本数学家冈洁却认为，数学中重要的是"情绪"。情绪是影响心智与认知发展的重要因素，若不能培育"健全的情绪"，则很难真正理解数学和创造性是什么。冈洁的《春夜十话》从"情绪与心智"的角度，论述了认知发展、义务教育中的深层问题，同时阐述了对人性的细微考察与独到理解，是一本影响了日本几代人的经典名作。

数学是日常生活必不可少的工具。人人都要学数学，但是人人都畏惧数学。数学，犹如象牙塔，外人觉得遥不可及，入门者则对其津津乐道。数学与情绪，听上去是风马牛不相及的事情，却很吸引眼球。

这个话题，一下子让我想起了曾经的数学生涯。我曾经立志当数学家，学了7年数学，在外国人眼中，我也可以算是个"数学家"，因为他们按所学的专业而不是实际从事的职业称呼人。其实，我当时为了学好数学，读了大量的课外读物，没有想到"误入歧途"，一发而不可收，对数学本质的思考，迫使我开始思考更广泛的领域，涉及人文和社科的各个方面。于是，我走出了数学。现在回头看，数学的本质问题确实值得我们深思。

数学到底有什么用？常人不容易理解，所以数学家也经常要做不少解释。数学不同于自然科学，却是研究自然科学必不可少的工具。数学当然也不同于社会科学，但是在现代的社会和经济活动分析中，也不可或缺。数学貌似与人文学科相去甚远，但它们之间也有不少联系，例如哲学、美学、艺术等，都与数学有一定的联系。

因为数学太专，成为专门的数学家，未必能从局外人的角度看数学，而数学家也未必了解其他领域。《春夜十话》作者是数学家，也涉猎音乐、美术、文学，必然对其中的关系有所思考，于是就出现了这样一本奇特的书。

冈洁（1901—1978 年），日本天才数学家，毕业于日本京都帝国大学，之后留学法国，研究领域为多复变函数论，后攻克多复变函数论中的"三大难题"，为现代数学的发展做出了杰出贡献。1949 年担任奈良女子大学教授，1951 年获得日本学士院奖，1954 年获得朝日文化奖，1960 年获得日本文化勋章，1963 年所著文集《春夜十话》获得每日出版文化奖，1973 年被授予"勋一等瑞宝章"。除数学外，冈洁先生在教育、文学、艺术等领域也有独到研究，特别是文集《春夜十话》中提出的"情操教育"与"情绪认知"的观点，对日本几代人影响至深，并为理解数学、日本民族性乃至"人"本身提供了一种纯粹而直观的新思考。他认为："一般观点认为做学问靠的是头脑，但我认为实际上情绪才是关键。"

经过他的解释，一直萦绕在我心头的困惑也烟消云散。可以说，他说出了我想说而没有说出来的话："其实计算和逻辑都属于妄智。我就算认真计算，至多也只能掰着指头算，脑子里更是没有逻辑这种概念。若硬要我计算或谈逻辑，就不得不中断大脑运转中的思考意识，可中断思考乃数学的大忌。数学的本质绝不在于计算和逻辑。若能摆脱这种妄智，心自然变得轻盈宽广，宛如白纸。这种感觉就像长居井底的青蛙第一次来到地面的心情。"

数学是理性的，它与感性的艺术貌似毫无关系。然而做数学研究，会陶醉于发明的喜悦，也会沉迷于其和谐的美感。作者认为："美并不是实际存在的东西。当我们感受美时，是我们的情绪在发挥作用。"他还认为："只怕大多数人根本不知道数学究竟是什么。庞加莱认为数学的本质在于和谐精神。庞加莱去世后不久，第一次世界大战就爆发了，和谐的精神荡然无存。""数学追求内在和谐，艺术追求美中和谐。两者在追求和谐这一点上是相同的，并且在追求和谐的过程中，也同样都是情绪在发挥作用。所以，数学与艺术的相似程度其实远超我们的想象。"

我认为，做创造性的研究，一般都靠灵感，也就是某种意义上的顿悟，而这其实是与情绪密切相关的。学者都喜欢开夜车，是因为夜间能集中精力。其实，一个人整天几个小时或者十几个小时思考，也许都是无效的，而当情绪达到一定的阈值，则突然才思敏捷，难题迎刃而解。

这本小书，可以说是数学家的随笔，还有一些与数学无关的段落。但是从字里行间，我们可以看出他对数学的本质、数学与艺术之间的关系思考甚多。也许，不了解本质的人，死心塌地读数学，也能读好，就看是否走对方向了。

我认为，那些伟大的创造，光是在一个狭小的领域内，是无法做到的，一般都是触类旁通而得。作者进一步阐述道："真正的数学不是眼中看到的黑板上的文字，而是用自己的认知去描述心中的物象。这可以称为'君子的数学'。用这种方式去学习数学，才能栖居于白昼的光明之中。当自己能够真正理解自己的想法时，即便不去计算，也能凭借直观去理解。"

所以说，在信息技术发展、人工智能大量取代人脑的今天，计算改变了数学的命运，"过去数学的主要功能是计算，如今随着科技的进步，机器已可取代人类完成该类机械性作业。照此发展下去，机器人或将能代替人类从事理论性研究。据此我们可知数学存在的意义是完成机器无法替代的任务，即晓以人类和谐的精神"。

作者认为："数学教育的目的绝不是训练学生的计算能力，而是要推开学生紧闭的心门，让外界清爽的风滋润他们的心田。"中国学生以擅长数学而著称，但是在创造性方面，还普遍不足。读了这本小书，我们是否可以多思考一下情绪方面的培养呢？

（原载：《辽宁日报》2019 年 5 月 5 日第 7 版，有改动）

不只是关于猫

最近看了一本书！是图书馆和喵星人之间的故事。

与众不同的是，这对喵星人的名字分别是贝克和泰勒，而它们名字的组合"贝克和泰勒"正好是著名书店的名字，于是这故事就更有意思了。

喵星人、图书、书店、图书馆……多么美妙的组合啊！

图书馆怎么会有猫？图书馆里的猫是什么样的呢？它们会破坏书吗？它们会伤害读者吗？图书馆里养猫符合规定吗？带着一连串的问题，我就翻开了这本有趣的图书。

《图书馆里的喵星人》是一部风格平实的纪实作品。它讲述了这样的故事：美国内华达州一个小镇上的公共图书馆，为了灭鼠而领养了两只猫。它们来到图书馆之后，老鼠望风而逃，灭鼠工作变得可有可无。由于两只猫性情友善，憨态可掬，很快受到当地图书馆员、读者和居民的由衷喜爱，成为图书馆的形象大使，甚至还成为贝克和泰勒书店的吉祥物。在它们的推动下，图书馆成为当地居民的活动中心，更多的人走进图书馆，从而改变了小镇沉闷而乏味的生活氛围。

作者认为："必须承认，我多少有点私心。图书和猫是我在这个世界上最喜欢的两件事情，现在，我整天都有图书和猫的陪伴，还有什么事情比这更加美好的？""除了动物，我挚爱的图书也帮助我走出了困境。它们让我超脱于现实生活，帮助我忘却过去的一切，哪怕只有一两个小时。"

由此可见，这本书不仅仅是关于猫的故事，更是图书馆员生活的写照。

人们常常误解图书馆员的生活，不少人心目中的图书馆员形象是这样的：只要听到任何声音，也不管是谁发出的声音，他们就要对其发出"嘘"声。很明显，他们都是一些古板而乏味的人。

一些文学作品，或者影视作品里的图书馆员，都有固定的行为模式。不过也有和蔼和博学的形象，甚至还有人戏称"宇宙最强职业"是图书馆员，因为图书馆员中有华罗庚、莫言、博尔赫斯、爱因斯坦等这些响亮的名字。

不过，大多数人以为，图书馆员只是辅助借书和还书而已，没有什么大不了的，也不需要很多知识。我从事图书馆工作之前，虽然很羡慕图书馆的工作，但也不完全了解。

在这本书里，作者把图书馆员的各种工作性质、个人性格等描写得淋漓尽致。

一本书要经过众多工作环节，才能抵达读者手里。首先，图书馆员要选择和订购图书，图书到馆以后，要核对图书，把相关数据编入目录或者数据库。其次，如果图书很受欢迎，经多次翻阅后受到损坏，就需要及时修补。最后，如果图书失去使用价值，就要把它从书架上撤下，或者剔除出去，或者转给"图书馆之友"组织，如果成功出售，每本书或许能挣一两美元。

关于图书馆的书不少，可是描写图书馆员生活的书，却不多见。该书出自一个图书馆员之手，借猫为题发挥，把图书馆里两只小猫日常生活中的点点滴滴，与图书馆员的生存状态和工作场景穿插起来，而且还涉及包括阅读和书店在内的图书的整个生命周期，是一个不错的构思。中国的图书馆员将此书翻译成中文，也是非常得心应手的事情。

英文书名 *The True Tails of Baker and Taylor* 是双关语，字面意思是"贝克和泰勒的真尾"，其中 tails 根据发音可以读为 tales，按汉语的说法，true tales 就是"正传"，而将其翻译成"图书馆里的喵星人"，则显得更为时尚，也容易被读者接受。

信息技术不断发展，印刷的图书是否会永远存在下去？图书馆在十字路口徘徊，我们应该如何重新审视图书馆的职能？一对平凡的猫咪，在图书馆里有那么多感人的故事，甚至还有人编写了合唱歌曲，成为电影《图书馆里的猫咪》的插曲，广为流传，留在人们的记忆之中。通过图书馆里猫的故事，我们可以受到一些启发，甚至还能得到人生的启示：

贝克和泰勒是伟大的老师。在我晚年的时候，我要感谢这两位猫同事，它们教给我一些重要的人生经验。它们教给我的第一个人生经验是，要忠实于自己……第二个人生经验是，不论做什么事情，都要做到最好……第三个人生经验是，永远不要忘记最重要的人生目标。

（原载:《辽宁日报》2018 年 9 月 3 日第 7 版，有改动）

一马平川走世界：冀少峰和他的文集

初识冀少峰，是在会议的自助餐上。他不起眼，话不多，很低调。互相问了一下单位，我觉得他应该是会画画的，他却说只做文字工作。

因为分在一个组里，每天都有接触的机会，于是交流就多了一些。

我去湖北次数相对多一些，感觉湖北人比较重视文化，各个领域都很不错。特别是湖北的女图书馆馆长，是全国为数不多的几个女馆长之一，非常出名。

我的朋友中，画画的不少，我自己也从小看了不少艺术欣赏类的图书。可是我却对美术不很在行。偶尔去美术馆，也看不出名堂。

但是，冀少峰介绍的湖北美术馆，非常特别。从他们的门户网站，就可以看出与众不同之处。网站不仅有品位，还更新及时，总能发现有趣的内容。

不久，冀少峰先生就寄来两包书。之前，他说要给我送书，我以为也就几本而已。那天快递通知我去拿东西，因为不知道是谁的东西，还以为就是文件之类的，到了才发现是两大包，根本拿不动，需要手推车。好在保卫处的同事热情相助，借了一辆，省得我再回办公室取车子了。

寄来的书里包括冀少峰的《品图》和《冀少峰自选集》，还有一大堆湖北美术馆制作的精美画册，不少都有冀少峰的序言或评论，都收入了那两部文集。

在孙振华给《品图》写的序里，有一句话很有意思："听说，每当小酌之后，话语渐多，到位与否，就看是否开始使用一个形容词——'一马平川'，即每件事说到最后，都要加上一句，'那是一马平川'。"我问冀少峰："那'一马平川'是啥意思啊？"他笑而不答："欢迎您到湖北来！"

孙振华的话颇有道理："曾几何时，报刊和纸质书籍出版是推动中国当代艺术的主要思想源，报刊媒体一度是当代艺术的中心。这些年，情况有了变化，美术馆替代报纸杂志，成为当代艺术的中心和策源地。"现在正赶上美术馆的好时候，是时势造英雄的机遇。话说回来，没有一批有作为的英雄，恐怕也不能形成很好的"时势"吧。希望冀少峰们能一如既往，把握机遇，将能力发挥到极致，迎接更大的辉煌。

在《品图》的第一篇文章《走出河北》里，冀少峰一针见血地指出了河北美术界的贫瘠："反观河北，既缺乏一所像四川美术学院这样的艺术院校，也没有深圳美术馆这样的学术品牌，更没有像孙振华、鲁虹这样既有深厚的学术功力，又在当代艺术界很有影响力且很活跃的批评家，当然还缺乏一本像《当代美术家》那样的密切关注当代艺术发展动态的学术刊物。（目前的《当代美术家》是中国大陆唯一一本进军巴塞尔艺术博览会的美术刊物。）"

他建议："没有一流的美术馆就吸引不来一流的当代艺术策展人，没有一流的策展人就难以组织起来既有学术思想深度又有艺术史意义的一流的展览，没有一流的展览就难以聚集一流的艺术家，没有一流的艺术家那么整个艺术生态就会了无生机。"

于是，我们可以看出，冀少峰先生是一个思想和行动一致的践行者。他不仅写了"走出河北"的文章，而且也亲自走了出去，走到了湖北这块更适合发展的地方，进行艺术策展，把湖北美术馆搞得有声有色，将它从一个 10 年前成立的新馆，发展成为一个全国重点美术馆，与湖北这个文化大省、美术强省的名称相符。一个河北的出版社编辑，走到湖北，干起了艺术策划，一步一个脚印，达到了一个新的高度，我们可以体验到其背后的艰辛，更能体会到成功的快乐。

《品图》分"立场""品图""品书"三个部分，收录了《走出河北》《走向广阔的公共空间》《生于70年代》《一个美术馆的力量》《美术馆与文化生态》《开放的亚洲艺术》《生命政治与图像记忆》等153篇文章。

《冀少峰自选集》是《中国当代艺术批评文库》中的一册，本书分为三个部分："现场""在场"与"再水墨"。所收录的62篇文章皆是近年来作者在相关方面的理论研究成果。

虽然冀少峰没有解释他的口头禅"一马平川"，但我觉得这也表现了他宽广的胸怀，他不仅走出了河北，更想走出中国，走向世界。

（2018年7月6日）

收藏书签也是一个时代的文化记忆

　　书签，看上去并不起眼，最初是为了读书的时候做标记。而有人在方寸空间上寻找乐趣，采用不同材质，设计各种图案，于是也成为收藏的佳品。

　　我收藏书签，开始于少年时代。那时候，读书不多，但是看到书签好玩，就舍不得用，收藏起来。目前收藏最早的是椭圆形中英文对照毛主席语录书签，1971 年一大会址的成套纪念书签，还有上海市少年宫、上海市青年宫庆祝各种节日而专门设计的书签，甚至还有 1976 年上海市青年读书活动纪念书签。

　　大学时代，读书很多，但收藏的书签屈指可数。在改革开放初期，图书装帧比较粗糙，书签也不太受重视。不少学生爱好摄影，就冲洗相片，打孔穿绳，自制校园景色书签。现在找出来，虽然曝光效果不是很佳，相纸也自然卷曲，却很有历史感。

我从事图书行业后，接触书签的机会就多了。有热心同事帮我收集，于是逐渐形成体系。出版社经常印制成套的书签，特别是出版丛书的时候，书签就成为系列。上海古籍出版社发行的二十四节气书签，正面是不同颜色的背景，配以古人对节气的解释，而背面则是古诗词中的有关段落，自成一体。经济科学出版社制作了一套书签，是对其《新制度经济学名著译丛》《新编剑桥商务英语》《中国改革与发展问题应急研究丛书》《经济学手册》等十几种图书和丛书的介绍。中州古籍出版社的《冯骥才分类文集》，每卷都配有书签。普罗奎斯特出版社的"探索历史"系列书签，介绍其数据库产品。

大家知道我喜欢书签，出差就会给我带纪念品，出现"马太效应"，收藏就更为丰富。自己在各地行走，也留心收集，于是我有了世界各国的书签。

书店、博物馆、图书馆的书签，往往有成套的主题。例如，古巴国家图书馆一套10张书签，介绍其图片馆藏，有简要说明。上海猫的天空之城概念书店的个性化手绘猫咪主题书签，一套12张，不同作者，妙趣横生。还有国家大剧院出售的各种乐器的金属书签、上海图书馆"上海之窗"福禄寿喜主题磁性书签、上海图书馆馆藏年画主题书签、首都图书馆彩色玻璃画《百花齐放》主题金属书签、希腊国家考古博物馆的植物系列书签、希腊卫城博物馆的古典色彩系列磁性书签、台北故宫博物院的青花瓷系列金属书签、厦门大学建筑景观书签，都是收藏的佳品。

大多数书签的材质是纸张，传统上常见的还有皮革书签。我收藏的皮革书签有德国法兰克福歌德故居书签、墨西哥玛雅人头像书签、秘鲁印加文化书签、英国布莱克维尔书店建筑外观烫金书签、多伦多大学校徽书签、非洲的动物外形书签等。

除了纸张和皮革材质以外，比较多见的就是金属和磁性材料做的书签。金属材质书签，有一种实用的集头针、裁书刀、书签多功能为一体的，还有用链条作为书签绳连接金属牌的设计，甚至链条末端有宝塔、钻石等立体吊坠。我收藏了昆曲四大名剧扇形金属书签、马来西亚风光磁性书签、萌物世界金属直尺书签。世界各地的特产不同，还有其他各种材质可用来做书签。我收藏有国内的天然叶脉书签和竹子镶花书签、日本和纸书签、埃及纱草纸书签、法国巴黎的剪纸书签、土耳其微型编织地毯书签、柬埔寨木质镶铜浮雕书签、日本塑料指针式书签。

一些商业文具公司也不甘落后，英国文学插图主题书签、瑞典出品芬兰精灵姆明主题书签、日本手工制作人形书签、韩国男女服饰金属书签，都有特色，可作旅游纪念品。

我自己出版新书的时候，也做了定制书签，加上韩盈老师给我画的漫像，背面是威廉·莫里斯图案，一起送给朋友。

真正的读书人，不用好的书签，随手能找到的东西，什么都能用，例如发票、购物清单、废纸片、电影票、车票等。在信息技术发达的今天，电子书也有书签功能，却没有艺术效果，更无法收藏。书签这种特定时代的产物，或许今后会越来越少见。收藏书签，也是一个时代文化的记忆。

（原载:《辽宁日报》2020 年 7 月 20 日第 7 版，有改动）

后

记

后记

最近学习安排多，各种调研和学习体会，任务很紧。

好在我有很好的习惯，即使平时不要求写东西，自己也随时记录。平时火车、飞机上的时间，都用来整理文字。一般出差回来，有人要花两个月时间写报告，我第二天就交了。

这样一来，虽然平时会比别人忙碌，但是关键时候却一点也不累。可以用平时积累的资料整理出有关文字，顺利完成任务。

就像当学生的时候，平时我就弄懂学透，考试前也不着急，过一下脑子，就行了。

这些年，我出版了三本随笔集，都是日常点滴积累而成。工作中的体会，生活中的感想，随手用微博、博客或者微信记录下来，有需要的时候就整理出长文。

理解我的人，说我不容易，那么忙还写东西。不理解的人，说我大概闲得无聊，才写东西。随他们去了。也有人认为，写这些"乱七八糟的东西"，不如写一些学术论文流芳百世。其实，我也写了不少学术论文，数量比很多人都多。我自己也想对比一下，到底哪类文字能流芳百世。

写东西的方式，是个人的经验体会，不一定适用于其他人。本书精选了本人自 2018 年至 2022 年上半年的随笔，有一些曾在报刊上发表，其他都在新浪博客中发布。本书作为本人之前三部随笔《书山蠹语》《书人乐缘》《书蠹精语》的续集，而且适逢本人从业 30 年，故取名为《书蠹卅载》。

全书分为六个部分，每一部分都按时间先后排列文章，最新的在前。有几篇文章综合了多个内容，重复的地方我就省略了。本书最后一部分因篇幅限制，忍痛割爱，删除一些曾经公开发表过的内容，而重点保留一些有观点的书评。

感谢浙江大学出版社启真馆，特别是王志毅先生给予我鼓励，提出了很好的建议。全根先研究员是浙江萧山人，我的老同事，也是我前三本随笔集的序言作者，本次作序他依然当仁不让。麦铃是杭州业余女作家，受家庭熏陶，热爱绘画，其绘画风格颇有特色。这次得到三个浙江人的帮助，使此书在浙江大学出版社出版，具有特别的意义。

（2022 年 6 月 30 日）